줄리줄스의 손뜨개 아이 장난감 & 소품

쥴리쥴스의 손뜨개

아이 장난감 & 소품

쥴리쥴스(이현주) 지음

마노

줄리줄스 아뜰리에*Juliejulz' Atelier*를 설립한 지 어느새 4년이 되었습니다~★
"좋아하는 '취미'가 '일'이 되고 일이 내 인생의 '힐링'이 될 수 있다면 얼마나 좋을까?"라는 생각으로 그런 취미와 일을 찾아 헤맨 것도 어느덧 4년 전 이야기가 되었네요.
지금도 많은 분들이 제게 "뜨개질을 어떻게 시작하게 됐어요?"라고 묻습니다. 여전히 저는 "기쁠 때나 슬플 때나 의지하게 되는 그런 취미를 찾아 헤매다가 뜨개질을 만나게 되었어요"라고 답합니다. 그리고 이젠 저와 떼려야 뗄 수 없는 '동반자'가 되었죠. 기쁠 때는 행복함을 2배로 즐길 수 있고, 슬플 때는 힘든 마음을 반으로 줄이며 살아갈 수 있게 해주는 무언가가 있다는 건 정말 소중하다고 생각합니다.

이런 소중한 취미는 저를 동심의 세계로 이끌어줄 때도 있고, 때론 무한 창의력의 세계로 빠져버리게 해줄 때도 있습니다. 그래서 이번에는 동심의 세계로 가보기로 했어요. 어린 시절로 돌아가 우리 엄마가 직접 손뜨개로 만들어주면 좋겠다고 생각하는 것들을 상상하며 작업해보았습니다.
저는 어릴 때부터 말랑말랑한 장난감을 만지작거리는 걸 좋아했기 때문에 손뜨개로 그때 그 느낌을 되살리려고 했어요. 그러다 보니 자연스럽게 아이들의 감각을 다양하게 자극시키는 장난감과 소품이 탄생했습니다.

손뜨개만의 올록볼록한 느낌은 아이들의 촉감에 도움을 주죠. 여기에 알록달록 다양한 색상을 사용하면서도 과하지 않게 배색하여 시각적인 안정감을 주었어요. 맛을 상상할 수 있는 과일 장난감과 쿠션도 만들어보았고, 귀여운 동물 인형에 방울 소리까지 더해 주의를 끄는 딸랑이도 만들어보았습니다. 또 엄마의 체취를 담아 밤새 곁을 지켜줄 수 있는 애착 인형도 디자인했어요. 두 눈을 꼭 감은 모습으로 마음에 안정감을 주도록 했답니다.

이런 다양한 기능이 없어도 아이들은 무엇보다 우리 엄마가 만들어줬다는 데에 큰 의미를 둘 거예요. 아기 때 직접 만들어 흔들어준 딸랑이를 커서도 간직할 수 있다면 더없이 소중한 선물이 되지 않을까요?
《줄리줄스의 손뜨개 아이 장난감 & 소품》을 통해 엄마의 따뜻한 마음과 손길이 아이에게 고스란히 전해질 수 있기를 바랍니다. 그리고 제가 뜨개질을 통해 얻는 기쁨과 행복이 크듯이 이 책과 함께하는 모든 분들도 저와 같은 즐거움이 있기를 바랍니다.
감사합니다.

KNIT & CROCHET YOUR STRESS AWAY!

−Juliejulz(줄리줄스)

CONTENTS

How to make

모빌 & 리스

장난감

소품

Basic
Lesson

코바늘 손뜨개에 필요한 재료와 뜨개 기법들을 알려드릴게요.
기초를 탄탄히 해두면 아이들이 좋아하는 장난감과 소품을 자유자재로 응용해 만들 수
있어요. 만들다가 막히는 부분이 있다면 언제든 되돌아와 확인하고 가면 되겠죠?

이 책에 필요한 손뜨개 준비물

14

15

13

12

16

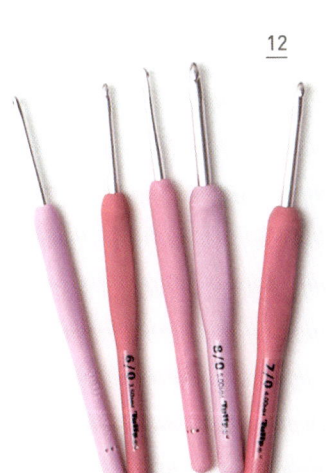
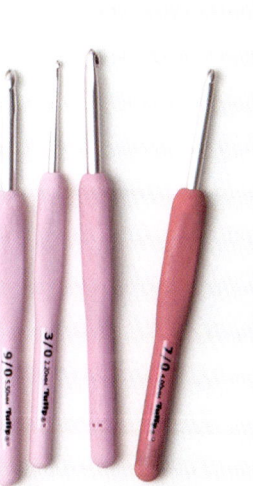

1 뜨개실(아크릴 100%, 코튼 65%+아크릴 35%,
　　코튼 50%+아크릴 40%+레이온 10%,
　　울 60%+아크릴 40%, 패브릭 얀 등)

2 자수실

3 돗바늘(일반 크기, 18cm 긴 바늘)

4 쪽가위

5 겸자

6 비즈(스와로브스키 추천)

7 방울 2.7cm

8 우드락 원리즈(240mm)

9 낚싯줄(3호)

10 단추눈(5mm, 6mm), 나사눈(14mm, 22mm),
　　타원형 나사눈(9mm)

11 목공본드

12 코바늘(모사용 3호, 4호, 5호, 6호, 8호, 10호,
　　15mm 왕 코바늘)

13 단수링

14 구름솜

15 폼폼 메이커(85mm)

16 마끈

기본 뜨개법

실과 코바늘 잡는 법

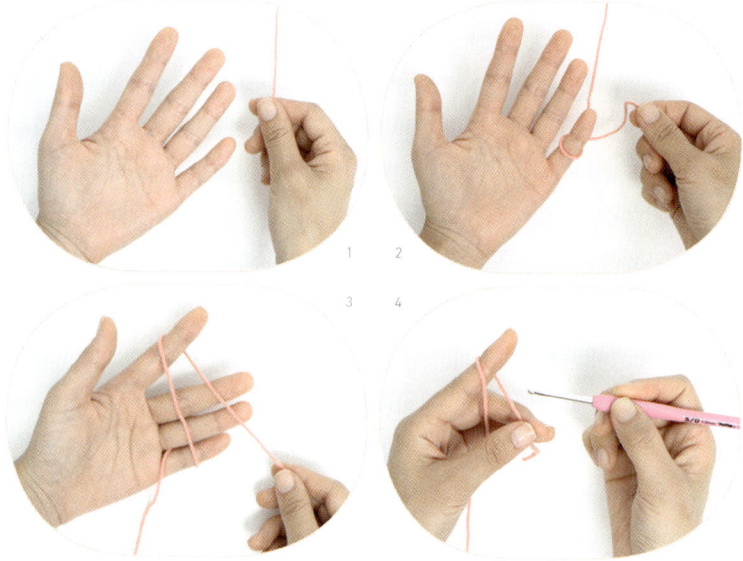

1 오른손으로 실 끝을 잡고 왼손은 쫙 편다.

2 잡은 실을 왼손 새끼손가락에 감는다. 이때 안에서 바깥쪽 방향으로 감는다.

3 이어서 왼손 검지에 안에서 바깥쪽 방향으로 한 바퀴 감는다.

4 왼손 엄지와 중지로 짧은 실을 잡고 오른손은 코바늘을 연필 쥐듯 잡는다.

사슬뜨기

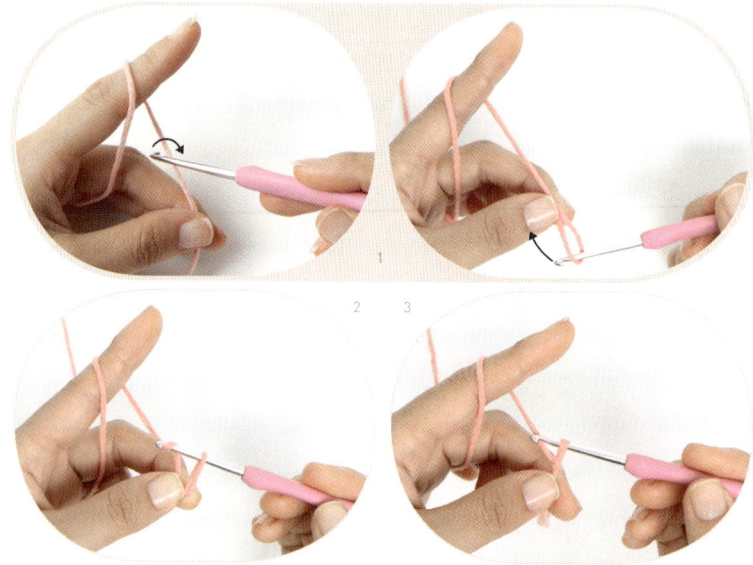

1 실 왼쪽에 바늘을 두고 오른쪽 아래 방향으로 끌어내린 후 엄지와 검지로 잡으면 고리가 생긴다.

2 그대로 고리를 위로 올린 후 바늘에 실을 감는다.

3 감은 실을 고리 사이로 통과시킨 후 짧은 실을 아래 방향으로 당겨주면 토대코가 생긴다.

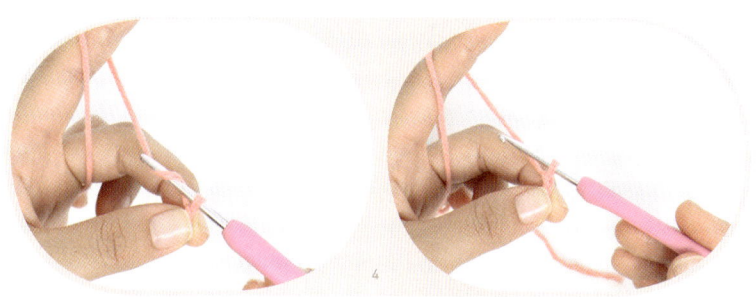

4 그 상태에서 바늘에 실을 오른쪽 방향으로 한 번 감아서 빼주면 첫 사슬 코가 생긴다.

5 위 과정을 반복해서 도안에 기재된 개수만큼 사슬을 만든다.

빼뜨기

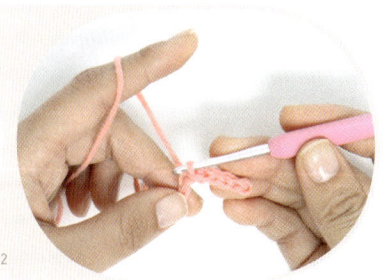

1 (사슬)코에 바늘을 넣는다.

2 바늘에 실을 걸고 화살표가 표시된 2개의 고리 사이로 한 번에 빼낸다.

3 빼뜨기가 완성된 모습.

짧은뜨기 ✕

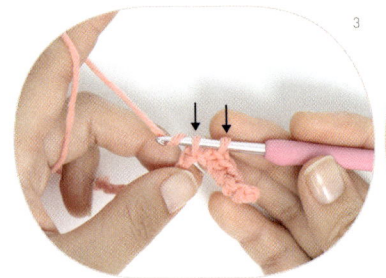
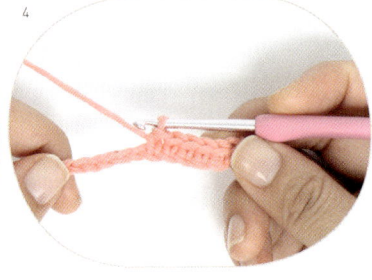

1 (사슬)코에 바늘을 넣는다.

2 바늘에 실을 걸고 들어간 코 사이로
그대로 끌고 나온다.

3 바늘에 고리가 2개 걸려 있을 때 다시
한 번 실을 감아서 한꺼번에 빼낸다.

4 짧은뜨기가 완성된 모습.

(짧은뜨기로) 2코 늘리기 ⋁

2코 늘리기는 한 코에 짧은뜨기를 두 번 뜨면 된다.

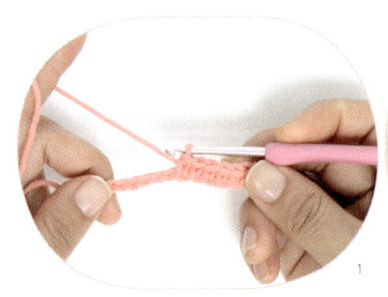
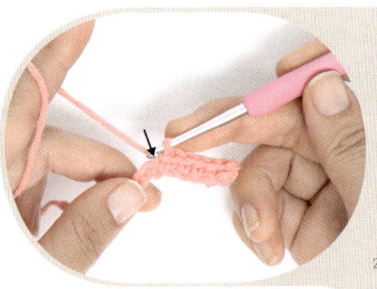

1 (사슬)코에 짧은뜨기 1개를 뜬다.

2 화살표가 표시된 위치, 즉 같은 자리
에 한 번 더 뜬다.

3 2코 늘리기가 완성된 모습.

♥ 긴뜨기 및 한길긴뜨기도 같은 방법
으로 늘려주면 된다.

짧은뜨기를 한 땀에 총 세 번(네 번) 뜬다.

(짧은뜨기로 티 안 나게) **2코 줄이기**

1 다음 2코를 줄여주되 앞의 반 코에만 바늘을 넣는다.

2 첫 번째 반 코에만 바늘을 넣고 실을 걸어서 앞쪽으로 빼낸다.

3 그다음 두 번째 반 코에도 같은 방법으로 실을 걸어서 빼낸다.

4 바늘에 총 3개의 고리가 걸리면 실을 감아서 한 번에 빼낸다.

5 2코 줄이기가 완성된 모습.

♥ 긴뜨기 및 한길긴뜨기도 같은 방법으로 줄여주면 된다.

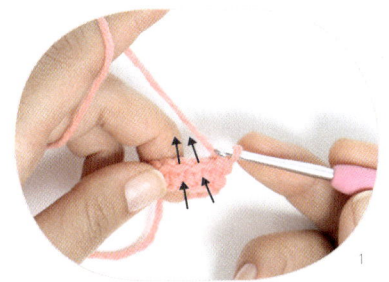

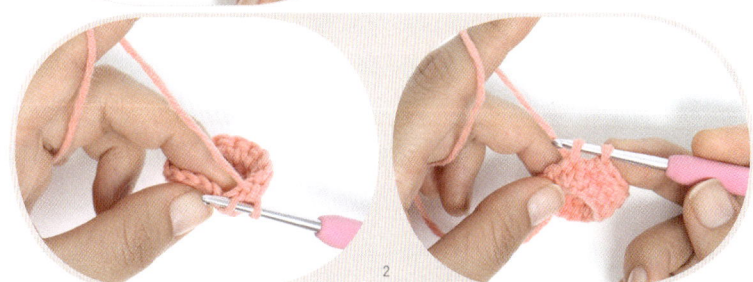

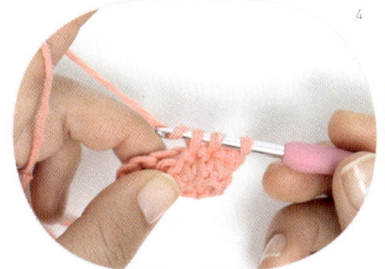

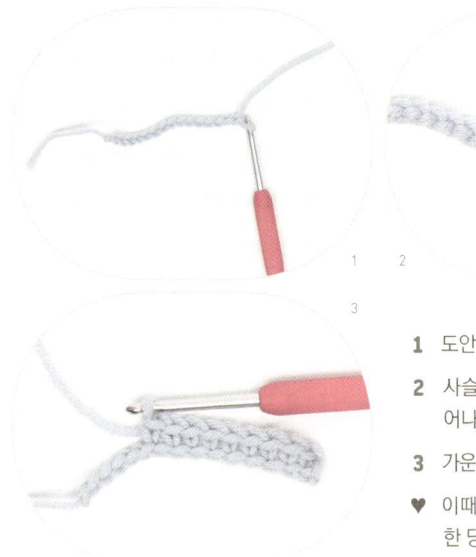

1 도안에 나온 개수만큼 사슬을 뜬다.

2 사슬을 뒤집어보면 가운데 볼록 튀어나온 줄이 보인다.

3 가운데 볼록한 줄에 짧은뜨기를 뜬다.

♥ 이때 구멍이 늘어나지 않도록 최대한 당기지 않고 뜬다.

(짧은뜨기로) 뒤반코걸어 이랑뜨기 ✕

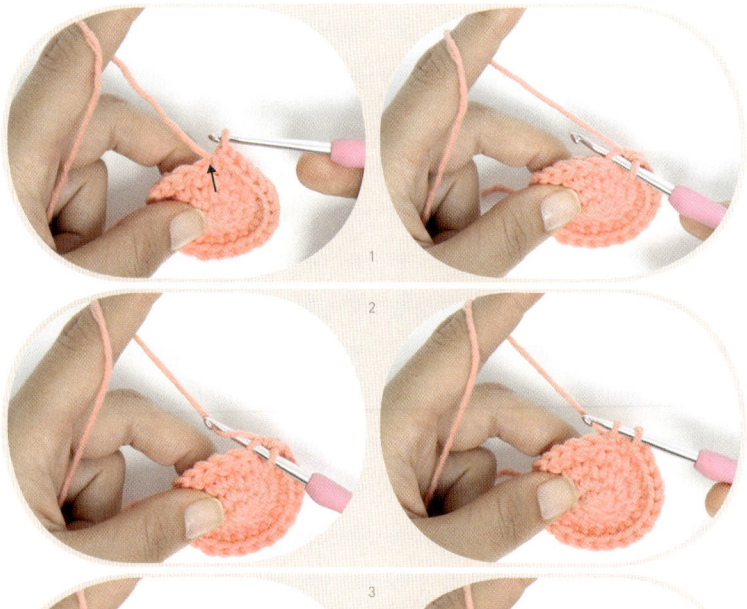

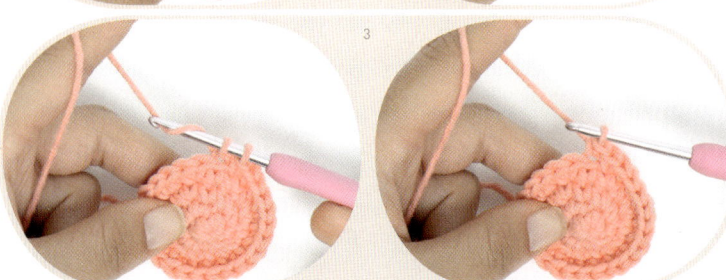

1 뒤의 코 반 코에만 바늘을 넣는다.

2 짧은뜨기를 뜨듯 바늘에 실을 감아 끌고 나온다.

3 바늘에 고리가 2개 걸려 있을 때 실을 다시 한 번 감아서 한꺼번에 빼낸다.

4 뒤반코걸어 이랑뜨기가 완성되면 앞 반 코가 사진과 같이 줄처럼 보인다.

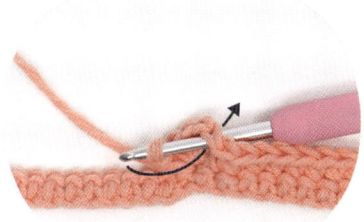

1 한 코에 짧은뜨기를 5코 뜬다.

2 바늘을 빼서 첫 번째 코에 사진과 같은 방향으로 넣는다.

3 이어서 마지막 짧은뜨기를 떴던 고리에 바늘을 넣는다.

♥ 바늘을 겉쪽에서 안쪽 방향으로 넣고 떠야 팝콘뜨기가 겉면으로 볼록해진다.

4 고리를 그대로 끌고 나와 바늘이 들어간 첫 번째 코 사이로 통과시킨다.

5 짧은뜨기 5코 팝콘뜨기가 완성된 모습.

긴뜨기　　T

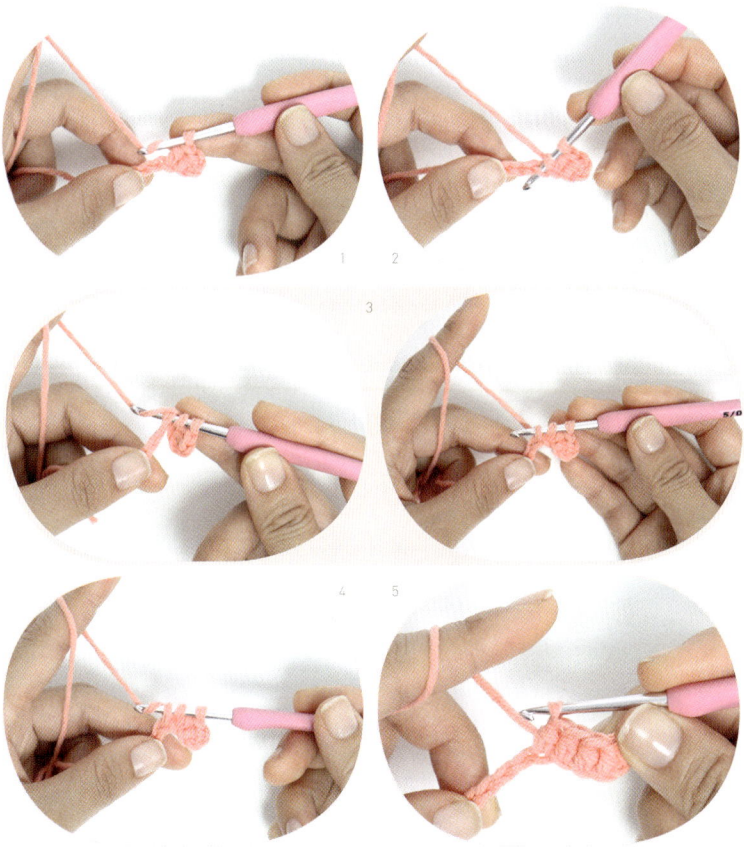

1 바늘에 실을 감는다.

2 떠야 할 위치의 (사슬)코에 바늘을 넣는다.

3 실을 감아서 그대로 끌고 나오면 바늘에 고리가 3개 걸린다.

4 다시 한 번 실을 감아서 3개의 고리 사이로 한 번에 빼낸다.

5 긴뜨기가 완성된 모습.

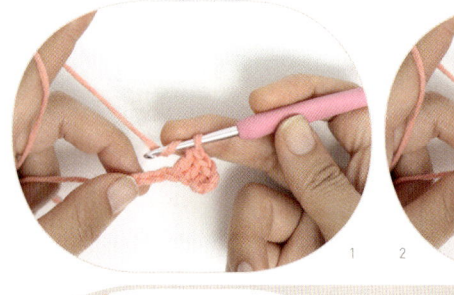
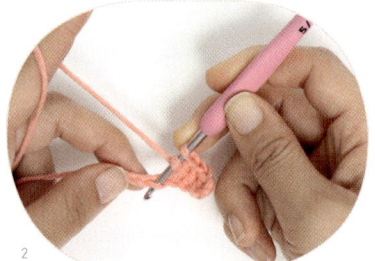

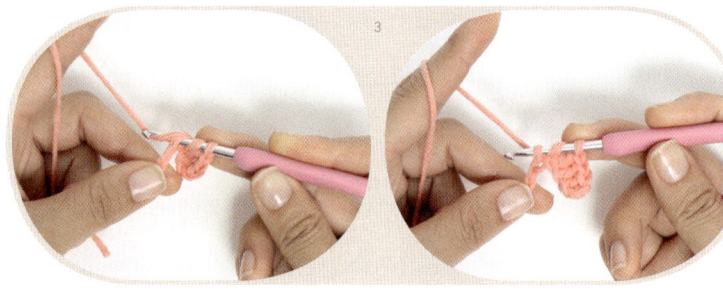

1 바늘에 실을 감는다.

2 떠야 할 위치의 (사슬)코에 바늘을 넣는다.

3 실을 감아서 그대로 끌고 나오면 바늘에 고리가 3개 걸린다.

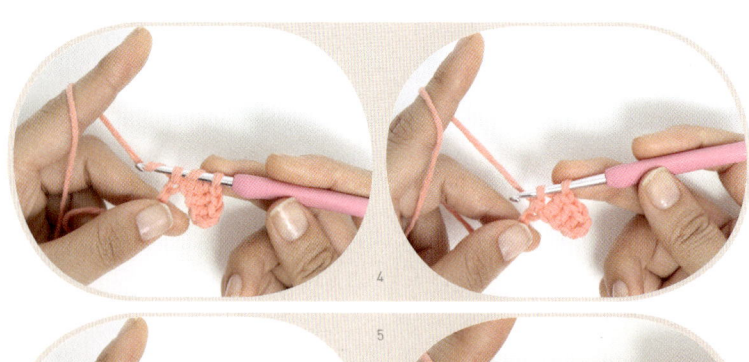

4 실을 감아서 2개의 고리 사이로 먼저 빼낸다.

5 다시 한 번 실을 감아서 나머지 2개도 빼낸다.

1 앞단의 마지막 코에서 고리가 2개 걸려 있을 때 실을 바꿔서 잡는다.

2 바뀐 실을 바늘에 감아서 2개의 고리 사이로 빼낸다.

3 바뀐 색상의 실로 이어서 뜬다.

원형고리 안에 원형뜨기

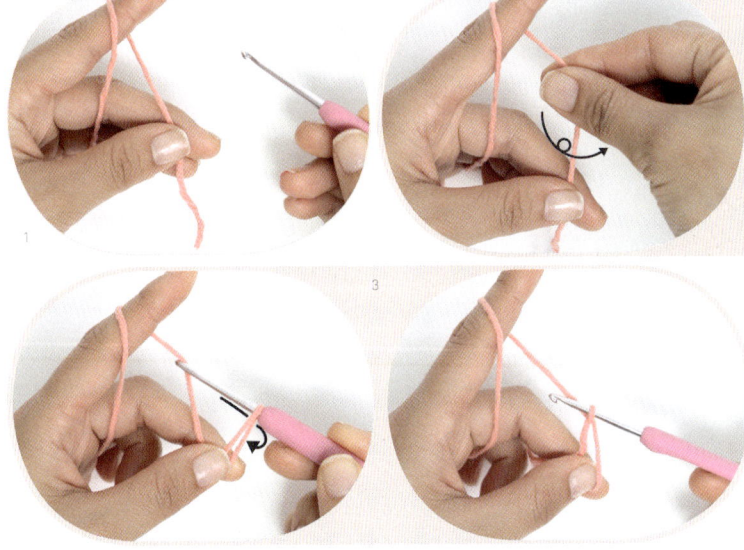

1 바늘과 실을 잡는다.

2 오른손 엄지와 검지로 왼손에 걸려 있는 실을 잡고 왼쪽 아래 방향으로 틀면 고리가 만들어진다. 이때, 짧은 줄이 뒤로 가게 잡는다.

3 바늘을 고리 안에 넣은 다음 실을 감지 않고 그대로 끌고 나온다.

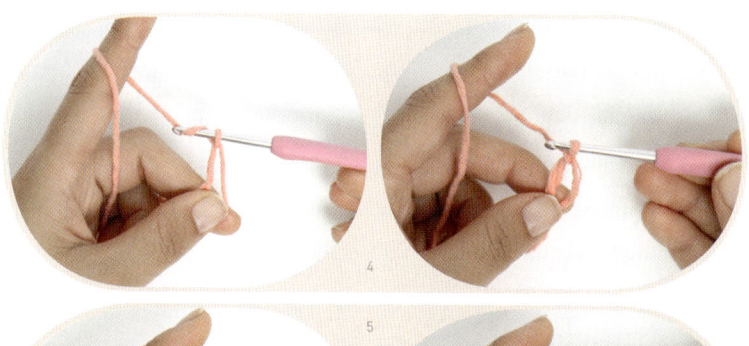

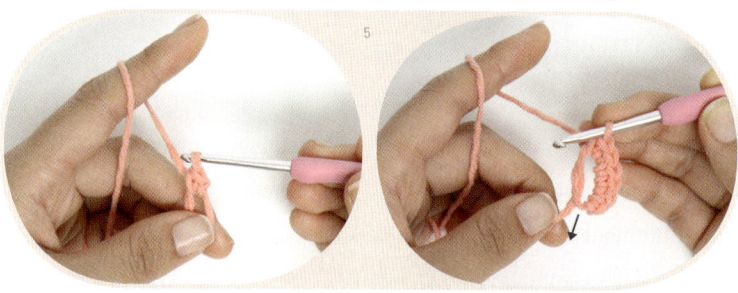

4 바늘에 실을 감아서 사슬 1개를 뜨면 토대코가 만들어진다.

5 고리 안에 짧은뜨기를 필요한 개수만큼 뜬 후 짧은 줄을 화살표 방향으로 당겨서 고리를 좁힌다.

6 화살표가 표시된 첫 코에 바늘을 넣고 빼뜨기로 원을 완성한다.

7 원형고리 안에 원형뜨기가 완성된 모습.

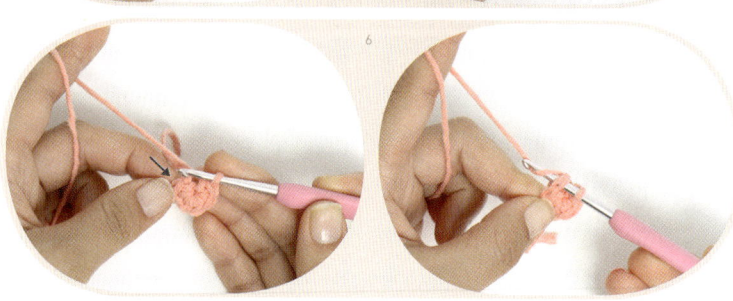

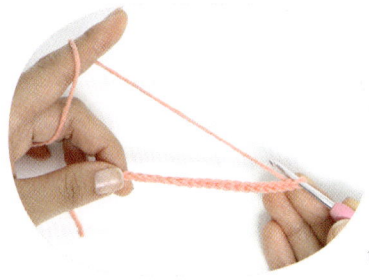

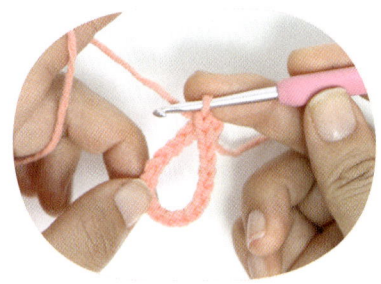

1 도안에 기재된 개수만큼 사슬을 뜬다.

2 화살표 표시가 된 첫 번째 사슬에 바늘을 넣어 빼뜨기로 원을 연결한다.

♥ 이때, 사슬이 꼬이지 않게 주의한다.

3 기둥코 사슬 1개를 세운다.

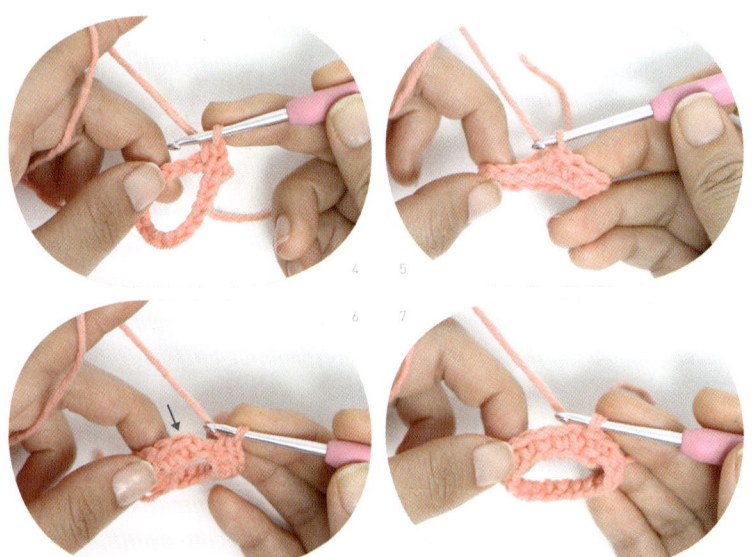

4 빼뜨기를 한 같은 자리에 짧은뜨기 1개를 뜬다.

5 이어서 짧은뜨기를 마지막 사슬까지 뜬다.

6 화살표 표시가 된 첫 번째 코에 빼뜨기를 해서 원을 연결한다.

7 원통형으로 원형뜨기가 완성된 모습.

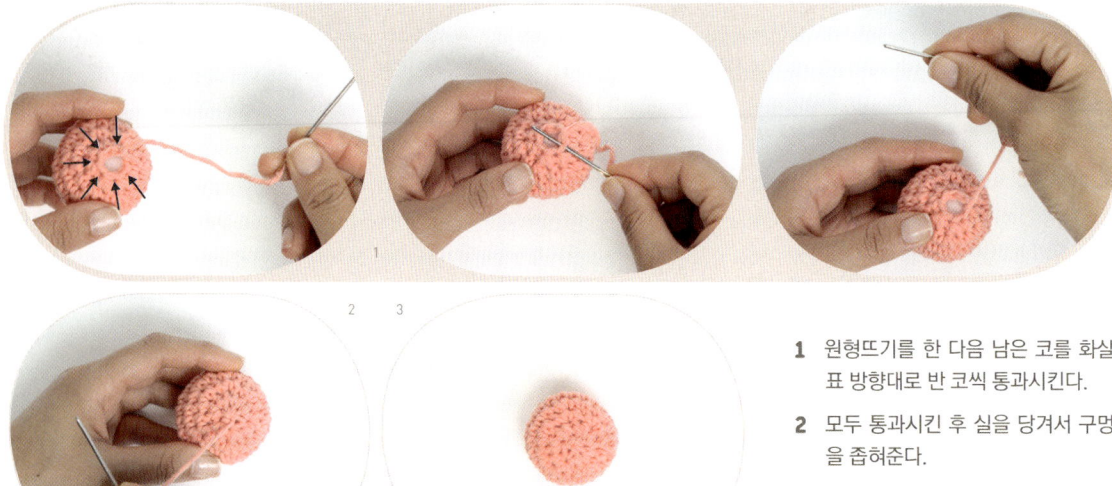

땀 정리하기(코 만들어 정리하기)

구분이 쉽게 다른 색상의 실을 사용.

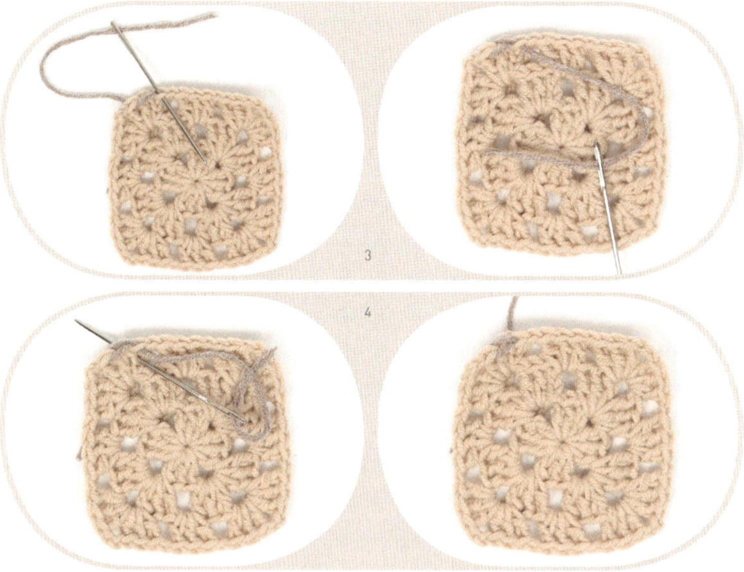

1 빼뜨기를 한 후 실을 10cm 정도 남
겨서 자른 후 쭉 뽑아 돗바늘에 꿴다.

2 첫 번째 코는 건너뛰고 그다음 코인
두 번째 코에 바늘을 사진과 같이 바
깥 방향으로 통과시킨다.

3 실이 걸려 있는 위치의 앞 반 코만
사진과 같은 방향으로 통과시킨다.

4 남은 실은 편물 안쪽으로 넣어 마무
리한다.

돗바늘 마무리

1 원형뜨기를 한 다음 남은 코를 화살
표 방향대로 반 코씩 통과시킨다.

2 모두 통과시킨 후 실을 당겨서 구멍
을 좁혀준다.

3 남은 실은 땀 모양에 맞춰서 2~3번
통과시킨 후 자른다.

1   편물을 봉접하기 쉽게 잘 잡아준다.

2   실이 연결된 돗바늘을 준비하고 봉
    접할 위치를 맞춘 후 실이 연결된
    위치부터 아래(위)-위(아래)-아래
    (위)-위(아래) 순서로 한 땀씩 통과
    시킨다.

♥   실이 나왔던 곳으로 바늘을 다시 넣
    어야 촘촘해진다.

3   실을 통과시키면 사진과 같이 줄이
    생긴다. 2~3번 통과시킨 후 실을 잡
    아당기면 땀끼리 딱 맞는다.

4   편물을 뒤집어 겉에서 본 모습.

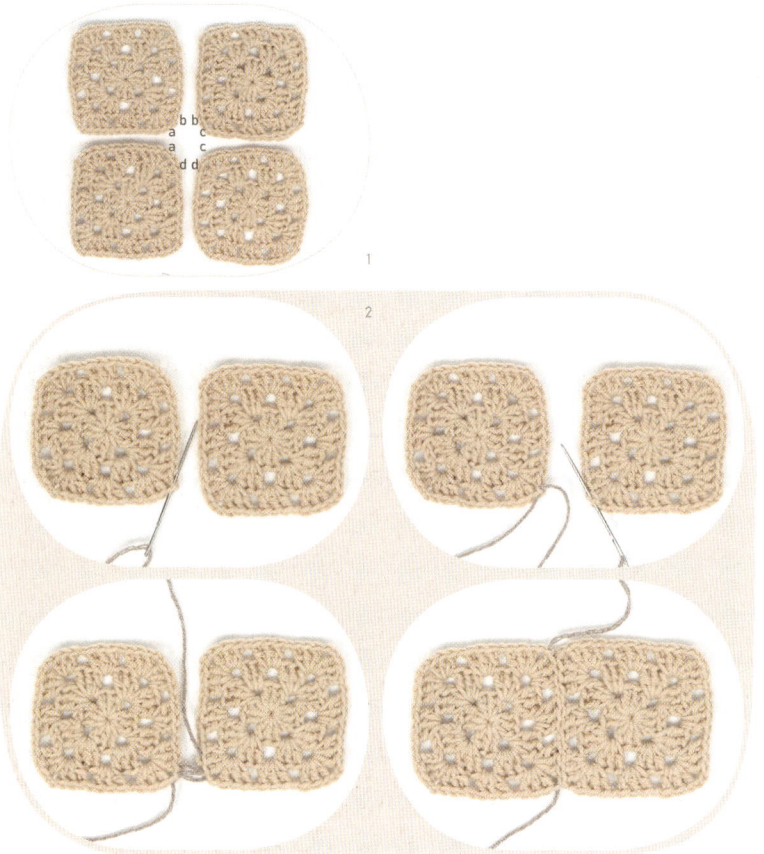

1 연결은 각 모서리부터 시작하며 같은 알파벳끼리 이어주면 된다.

2 왼쪽 b부터 시작해서 오른쪽 b로 통과한다. 이때 바늘은 땀 가운데로 찔러 넣는다.

♥ 연결한 실이 바깥 면에서는 보이지 않게 통과시키는 것이 중요하다.

플라이 스티치(인형 입 수놓기)

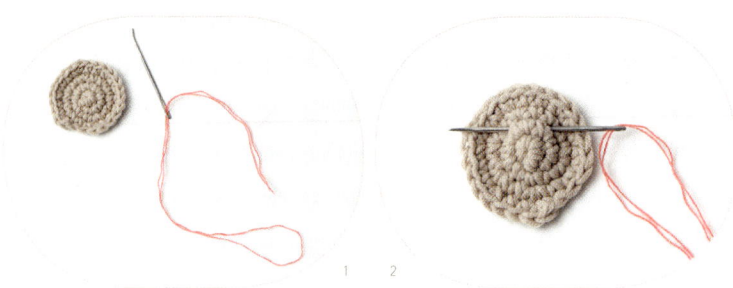

1 실을 갈라 한 가닥만 빼서 반으로 접은 후 양쪽 끝을 바늘구멍에 꿴다. 이때, 고리가 있는 부분을 길게 남겨준다.

2 사진과 같은 위치에 바늘을 가로로 통과시킨다(보통 2~3코 간격을 띄운다).

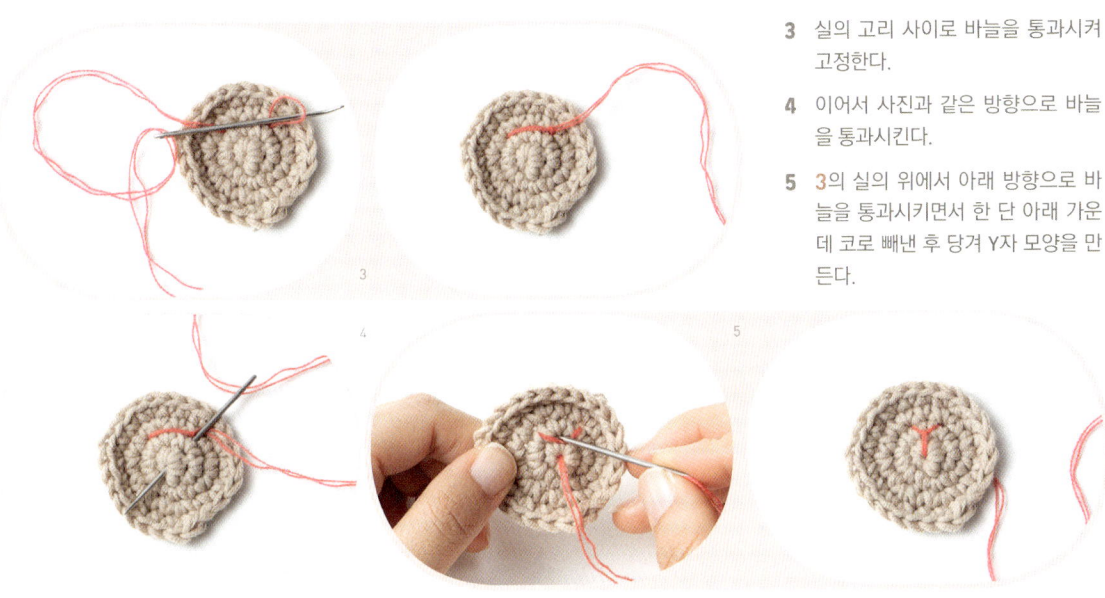

3 실의 고리 사이로 바늘을 통과시켜 고정한다.

4 이어서 사진과 같은 방향으로 바늘을 통과시킨다.

5 **3**의 실의 위에서 아래 방향으로 바늘을 통과시키면서 한 단 아래 가운데 코로 빼낸 후 당겨 Y자 모양을 만든다.

알아두면 좋아요!

- 모든 원형뜨기는 첫 단만 빼뜨기를 해서 원을 완성해주고 이후 나머지 단은 소용돌이 형식으로 빼뜨기와 기둥코 없이 떠주세요.

- 평면뜨기를 뜰 때, 한 단이 끝나면 반시계 방향으로 돌린 후 기둥코 사슬 1개를 만들어주세요.

- 뜨개질을 할 땐 실을 당기지 말고 최대한 편하게 잡은 상태에서 실 굵기를 그대로 사용해야 예쁘게 완성할 수 있어요.

- 봉접해야 하는 부분은 실을 봉접할 둘레의 약 3~4배를 남기고 자릅니다. 특별한 안내가 없을 경우 돗바늘 마무리 후 실을 정리해주세요.

- 솜을 채울 때는 겸자를 이용해 부피가 다 채워질 때까지 넣어주세요. 땀이 벌어지기 직전까지 채우면 돼요. 단, 특별한 안내가 있다면 지시에 따라 넣어줍니다.

- 인형을 만들 때는 눈 다는 위치를 지정해주었지만, 뜨는 사람마다 땀의 크기가 다르기 때문에 내 땀에 맞는 위치에 달아주는 것이 가장 좋아요. 보통 정중앙의 단에 달아주면 돼요.

- 코 늘리기는 2코 늘리기와 같은 의미로 쓰이기 때문에 한 자리에 두 번씩 떠주면 됩니다.

- 개인에 따라서 작품의 완성 크기에 오차 범위가 있을 수 있어요.

- 준비 재료의 실 g수는 ±10% 오차가 발생할 수 있어요.

How to make

기초를 익혔다면 줄리줄스와 함께 본격적으로 시작해볼까요?
줄리줄스가 디자인한 장난감과 소품은 아이들의 호기심을 자극하는 컬러풀한 색상과
친근하고 밝은 표정이 특징이에요. 아이를 생각하며 즐겁게 만들어주세요!

모빌 & 리스

장난감

소품

모빌 & 리스

침대에 누워 있는 시간이 긴 아기들의 지루함을 뱅글뱅글 돌아가는 공들로 달래줄 수 있는 모빌입니다. 동글이 사이사이에 반짝이는 비즈를 넣어서 호기심 많은 아기들의 시선을 집중시킬 수도 있답니다.

♥

대롱대롱
동글이 모빌

준비
재료

코바늘 5호
낚싯줄 약 70cm
마끈 약 30cm
비즈(스와로브스키 추천)

● 실(코튼 65%+아크릴 35%):

- 〈인디 블루 모빌〉
  A(인디 블루/30g)
  B(연베이지/33g)
  C(회색/33g)
  D(연노랑/30g)

- 〈피치 핑크 모빌〉
  B(연베이지/30g)
  C(회색/33g)
  D(연노랑/33g)
  E(피치 핑크/30g)

모빌 몸통 만들기
01

☆

주의사항

13단 이후의
색상 배색은
C-D-A(E)-B
순으로
반복한다.

단수	설명	콧수	색상
1	(원형고리 안에) 짧은뜨기×6회, 빼뜨기	6	A/E
2	2코 늘리기(이하 코 늘리기)×6회	12	
3	(짧은뜨기×1회, 코 늘리기)×6회	18	B
4	짧은뜨기×1회, 코 늘리기, (짧은뜨기×2회, 코 늘리기)×5회, 짧은뜨기×1회	24	
5	(짧은뜨기×3회, 코 늘리기)×6회	30	C
6	짧은뜨기×2회, 코 늘리기, (짧은뜨기×4회, 코 늘리기)×5회, 짧은뜨기×2회	36	
7	(짧은뜨기×5회, 코 늘리기)×6회	42	D
8	짧은뜨기×3회, 코 늘리기, (짧은뜨기×6회, 코 늘리기)×5회, 짧은뜨기×3회	48	
9	(짧은뜨기×7회, 코 늘리기)×6회	54	A/E

10	짧은뜨기×4회, 코 늘리기, (짧은뜨기×8회, 코 늘리기)×5회, 짧은뜨기×4회	60	A/E
11	(짧은뜨기×9회, 코 늘리기)×6회	66	B
12	짧은뜨기×5회, 코 늘리기, (짧은뜨기×10회, 코 늘리기)×5회, 짧은뜨기×5회	72	
13~14	짧은뜨기×72회	72	C
15~16	짧은뜨기×72회	72	D
17~18	짧은뜨기×72회	72	A/E
19~20	짧은뜨기×72회	72	B
21~22	짧은뜨기×72회	72	C
23~24	짧은뜨기×72회	72	D

1 도안을 보면서 1~24단까지 두 단에 한 번씩 색상을 배색하며 뜬다.

2 끝부분을 살짝 말아준다.

동글이 만들기
02

작은 동글이(9개)

단수	설명	콧수	색상
1	(원형고리 안에) 짧은뜨기×6회, 빼뜨기	6	• **인디 블루 모빌:** A 1개, B와 C 3개씩, D 2개 • **피치 핑크 모빌:** B 2개, C와 D 3개씩, E 1개
2	코 늘리기×6회	12	
3	(짧은뜨기×1회, 코 늘리기)×6회	18	
4~5	짧은뜨기×18회	18	
6	(짧은뜨기×1회, 2코 줄이기(이하 코 줄이기))×6회	12	
7	코 줄이기×6회	6	
돗바늘 마무리			

• 솜: 6단까지 뜬 후 솜을 채운다.

- -

큰 동글이(1개)

단수	설명	콧수	색상
1	(원형고리 안에) 짧은뜨기×6회, 빼뜨기	6	
2	코 늘리기×6회	12	
3	(짧은뜨기×1회, 코 늘리기)×6회	18	
4	(짧은뜨기×2회, 코 늘리기)×6회	24	
5~6	짧은뜨기×24회	24	A/E
7	(짧은뜨기×2회, 코 줄이기)×6회	18	
8	(짧은뜨기×1회, 코 줄이기)×6회	12	
9	코 줄이기×6회	6	
돗바늘 마무리			

• 솜: 8단까지 뜬 후 솜을 채운다.

- -

3 도안을 보고 솜을 채워가며 큰 동글이와 작은 동글이를 뜬다.

♥ 색상은 원하는 대로 떠도 좋다.

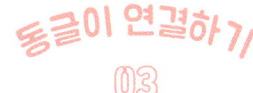

동글이 연결하기
03

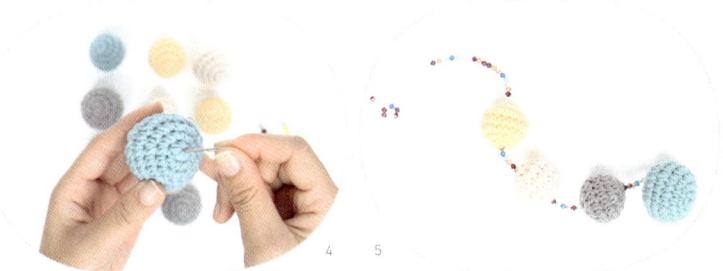

4 낚싯줄을 3등분하여 한 줄을 준비한다. 한쪽 끝을 6~7번 묶어서 두툼한 매듭을 만든 다음 돗바늘에 꿰어 큰 동글이 가운데 구멍 안으로 통과시킨다.

♥ 바늘을 뺄 때는 가운데 구멍의 살짝 옆으로 실과 실 사이를 뚫어 통과시킨다. 그러면 매듭이 걸려 낚싯줄이 잘 빠지지 않는다.

5 4의 낚싯줄에 비즈를 약 3cm 길이로 끼워 넣은 후 작은 동글이를 끼운다. 사진처럼 큰 동글이를 가장 아래에 달고 작은 동글이 3개를 이어 단다.

6 나머지 낚싯줄에는 작은 동글이를 3개씩 단다.

몸통에 연결하기
04

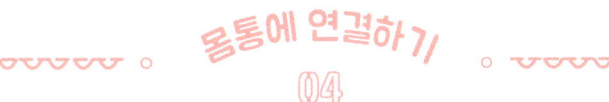

7 모빌 몸통 안쪽 가운데에 큰 동글이가 있는 줄을 달고, 나머지 2줄은 11단과 12단 사이에 단다.

8 마끈으로 사슬 15개를 떠서 몸통 꼭대기에 고리를 만들어 연결한다.

까꿍 모빌은 종일 누워 있는 아기에게 눈맞춤하며 '까꿍!' 인사하는
동물 인형이 달린 모빌입니다. 아기에게 줄 선물을 두 손 가득 들고 있는
테디, 바니, 키티의 모습이 참 사랑스럽죠? 동물 인형이 건네는 인사와
선물에 행복해할 아기의 표정을 상상해보세요.

♥

컬러
차트

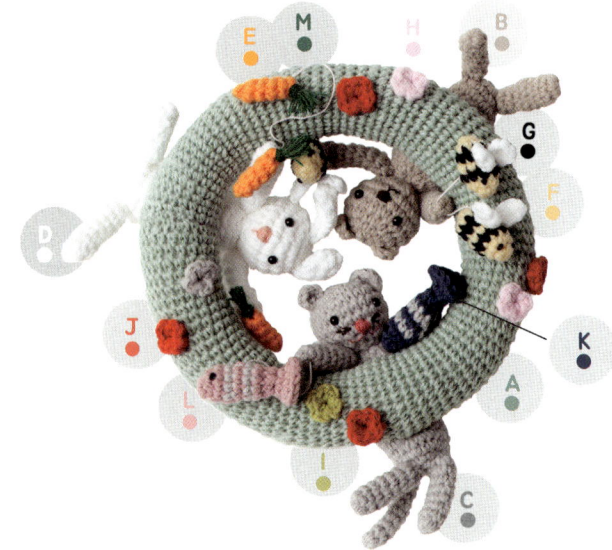

코바늘 4호

단추눈(5mm) 3쌍

● 실(아크릴 100%):

A(초록/25g)

B(베이지/15g)

C(연회색/15g)

D(흰색/15g)

E(주황/약간)

F(노랑/약간)

G(검정/약간)

H(베이비 핑크/약간)

I(빈티지 그린/약간)

J(빨강/약간)

K(청색/약간)

L(인디 핑크/약간)

M(진초록/약간)

● 자수실:

어두운 밤색(테디) ·
연핑크(바니) ·
핑크(키티) 50cm씩
검정색(물고기) 약간

모빌링 만들기 01

단수	설명	콧수	색상
1	(원형고리 안에) 짧은뜨기×6회, 빼뜨기	6	
2	코 늘리기×6회	12	
3	(짧은뜨기×1회, 코 늘리기)×6회	18	
4	(짧은뜨기×5회, 코 늘리기)×3회	21	A
5	짧은뜨기×21회	21	
6	(이랑뜨기) 짧은뜨기×21회	21	
7~105	짧은뜨기×21회	21	

• 봉접: 봉접실을 둘레의 3배 반을 남기고 자른다.
짧은뜨기로 뒤반코걸어 이랑뜨기를 하고 남은 반 코에 맞춰서 봉접하여 링을 완성시킨다.
• 솜: 링 모양을 잡아가며 솜을 적당히 채운다.

1

2

1 모빌링 도안을 보고 솜을 적당히 채워가며 뜬다.

♥ 너무 많이 채우면 곡선이 예쁘지 않으니 모양을 잡아가며 채운다.

2 끝과 끝을 봉접해서 링 모양을 만든다. 이때, 한쪽 끝을 보면 뒤반코걸어 이랑뜨기를 하고 남은 반 코가 보이는데, 그 선에 맞춰서 다른 끝을 봉접해주면 된다.

동물 인형 만들기 02

몸통(3개)

단수	설명	콧수	색상
1	(원형고리 안에) 짧은뜨기×6회, 빼뜨기	6	
2	코 늘리기×6회	12	
3	(짧은뜨기×1회, 코 늘리기)×6회	18	
4~14	짧은뜨기×18회	18	B/C/D
15	(짧은뜨기×1회, 코 줄이기)×6회	12	
16	코 줄이기×6회	6	
돗바늘 마무리			

• 솜: 빵빵하게 꽉 채우지 말고 살짝 구부리기 쉽게 채운다.

얼굴(3개)

단수	설명	콧수	색상
1	(원형고리 안에) 짧은뜨기×6회, 빼뜨기	6	
2	코 늘리기×6회	12	
3	(짧은뜨기×1회, 코 늘리기)×6회	18	
4	(짧은뜨기×2회, 코 늘리기)×6회	24	
5~6	짧은뜨기×24회	24	B/C/D
7	(짧은뜨기×2회, 코 줄이기)×6회	18	
8	(짧은뜨기×1회, 코 줄이기)×6회	12	
9	코 줄이기×6회	6	
	돗바늘 마무리		

- 꿰맬실: 약 15cm 남기고 자른다.
- 솜: 빵빵하게 채운다.

팔과 다리(3쌍)

☆

주의사항

솜은
채우지 않는다.

단수	설명	콧수	색상
1	(원형고리 안에) 짧은뜨기×7회, 빼뜨기	7	
2~9	짧은뜨기×7회	7	B/C/D
	돗바늘 마무리		

- 꿰맬실: 약 10cm 남기고 자른다.

바니 귀(2개)

설명	색상
사슬 7개, (두 번째 사슬부터) 빼뜨기×1회, 짧은뜨기×2회, 긴뜨기×1회, 한길긴뜨기×1회, (마지막 사슬에) 한길긴뜨기×6회	D
(반대편 사슬 반 코에 이어서) 한길긴뜨기×1회, 긴뜨기×1회, 짧은뜨기×2회, 빼뜨기	

- 꿰맬실: 약 15cm 남기고 자른다.

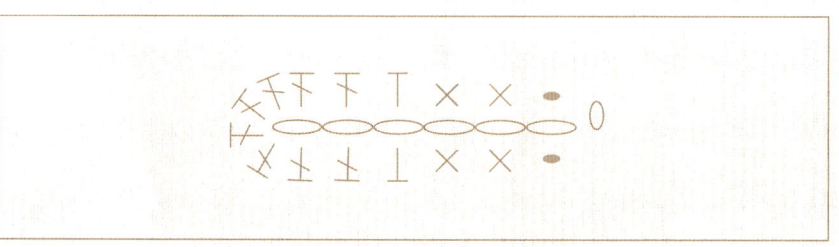

테디 귀(2개)

설명	색상
(원형고리 안에) 짧은뜨기 ×5회	B

- 다 뜬 후 짧은 실을 당겨서 원형고리를 조여준다.
- 꿰맬실: 약 15cm 남기고 자른다.

키티 귀(2개)

설명	색상
사슬 3개. (세 번째 사슬에) 긴뜨기×1회, 한길긴뜨기×1회, 긴뜨기×1회, 사슬 2개, 빼뜨기	C

- 꿰맬실: 약 15cm 남기고 자른다.

☆

주의사항

전부 세 번째
사슬코에
뜬다.

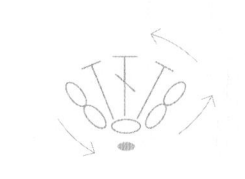

바니와 테디 꼬리

단수	설명	콧수	색상
1	(원형고리 안에) 짧은뜨기×6회, 빼뜨기	6	B/D
2	짧은뜨기×6회	6	

- 봉접실: 둘레의 3배 반을 남기고 자른다.

키티 꼬리

단수	설명	콧수	색상
1	(원형고리 안에) 짧은뜨기×5회, 빼뜨기	5	C
2~11	짧은뜨기×5회	5	

- 봉접실: 둘레의 3배 반을 남기고 자른다.

3 동물들의 몸통, 얼굴, 팔과 다리 도안은 모두 동일하니 3쌍을 뜬 후 솜은 얼굴과 몸통에만 채운다. 귀와 꼬리는 각각의 도안을 보면서 뜬다.

♥ 몸통에 솜을 채울 때는 동물들이 링 위에 엎드린 자세로 고정되어야 하기 때문에 아치 형태로 모양을 잡아줄 수 있을 만큼만 적당히 채운다.

4 솜을 채운 얼굴과 몸통은 첫 번째 단에 맞춰서 봉접하고 팔과 다리는 몸통 옆에 단다. 귀는 두 번째 단에 맞춰서 봉접하고, 꼬리는 엉덩이 가운데에 맞춰서 봉접한다.

장식물 만들기 03

꿀벌 몸통(3개)

☆

주의사항

솜은
채우지 않는다.

단수	설명	콧수	색상
1	(원형고리 안에) 짧은뜨기×6회, 빼뜨기	6	F
2	(짧은뜨기×1회, 코 늘리기)×3회	9	
3	짧은뜨기×9회	9	G
4	짧은뜨기×9회	9	F
5	짧은뜨기×9회	9	G
6	짧은뜨기×9회	9	F
	돗바늘 마무리 후 실 정리하기		

꿀벌 날개(6개)

설명	색상
(원형고리 안에) 짧은뜨기×7회, 빼뜨기	D

• 꿰맬실: 약 15cm 남기고 자른다.

꽃(8개)

설명	색상
원형고리 안에 고정코를 만든 후 바로 (긴뜨기×2회, 빼뜨기)×4회	C/H/I/J

- 다 뜬 후 짧은 줄을 당거서 원을 좁혀준다.
- 꿰맬실: 약 15cm 남기고 자른다.

당근(3개)

단수	설명	콧수	색상
1	(원형고리 안에) 짧은뜨기×5회 , 빼뜨기	5	
2~5	짧은뜨기×5회	5	E
	돗바늘 마무리		

당근 잎

설명	색상
실을 10cm 길이로 잘라서 2줄 준비한다.	M

물고기(2개)

단수	설명	콧수	색상
1	(원형고리 안에) 짧은뜨기×6회, 빼뜨기	6	
2	(짧은뜨기×1회, 코 늘리기)×3회	9	K/L
3	짧은뜨기×9회	9	
4	짧은뜨기×9회	9	C
5	짧은뜨기×9회	9	K/L
6	짧은뜨기×9회	9	C
7	짧은뜨기×9회	9	
8	2코 줄이기×4회, 짧은뜨기×1회	5	K/L
9	코 늘리기×5회	10	
10	(짧은뜨기×1회, 코 늘리기)×5회	15	

- 실을 자르고 정리한다.

5 도안을 보고 꿀벌 몸통과 날개를 뜬 후 몸통 양쪽에 날개를 단다. 꽃은 다양한 색상으로 8개를 뜬다.

6 당근은 주황색 부분을 뜬 후 잎을 스킬하듯 만든다. 진초록 실을 약 10cm 길이로 2줄 준비해 각각 반으로 접는다. 고리 부분에 바늘을 사진과 같이 통과시킨 후 고리 사이로 나머지 4줄을 한꺼번에 뺀 다음 적당한 길이로 자른다.

7 물고기는 몸통에 배색을 넣어 뜨고, 눈은 검정색 실을 2~3번 매듭지어서 달아준다.

인형 장식하기 04

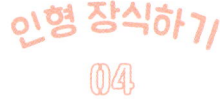

8 동물들의 코와 입은 사진처럼 자수실로 얼굴 중앙에 수놓고, 단추눈은 4~5코 간격을 두고 단다.

9 테디의 한쪽 손에 꿀벌 한 마리를 꿰매고, 다른 손에는 15cm 길이의 새 실을 손 사이로 통과시킨 후 양쪽 실 끝에 한 마리씩 꿰매서 두 마리를 대롱대롱 흔들리게 단다. 같은 방법으로 바니 손에 당근을 달아준다.

10 키티의 한쪽 손에 물고기 한 마리를 꿰매고, 다른 손에는 8cm 길이의 새 실을 이용해 나머지 물고기를 달아준다.

모빌링에 인형 달기 05

11 모빌링을 세 파트로 나눠 동물들을 배치한 후 아래를 바라보게끔 배 부분을 링에 꿰맨다. 꽃은 사진처럼 모빌링 사이사이에 꿰맨다.

12 모빌링에 인형과 장식물을 모두 고정시킨 후 균형이 맞도록 세 곳에 실을 연결해서 원하는 길이로 자른다. 실들을 한 번에 묶어 고리를 만든다.

♥ 비즈가 있으면 묶은 부분에 끼워서 예쁘게 장식한다.

레디 & 바니
굿나잇 리스

혼자 자는 걸 무서워하는 아이들 방에 엄마의 사랑과 정성을 걸어주는 건 어떨까요?
남자아이 방에는 테디와 함께 나잇나잇하고 있는 베이비 리스를, 여자아이 방에는
바니와 함께 나잇나잇하고 있는 베이비 리스를 걸어주면 우리 아이 방을
한층 더 따뜻한 분위기로 연출할 수 있답니다. 한 손에 달을 잡고 잠든 아기 인형과
그 곁에 함께 잠들어 있는 테디 & 바니를 보면서 우리 아이들도 새근새근 잠들 수 있겠죠?

♥

코바늘 3호 · 4호
우드락 원리즈(240mm)
● 실(아크릴 100%):
　A(하늘/15g)
　B(보라/15g)
　C(살색/20g)
　D(파랑/30g)
　E(진보라/30g)
　F(검정/60g)
　G(노랑/25g)
　H(연갈색/15g)
　I(흰색/15g)
● 자수실:
　검정(눈) ·
　진핑크(입) 약간씩

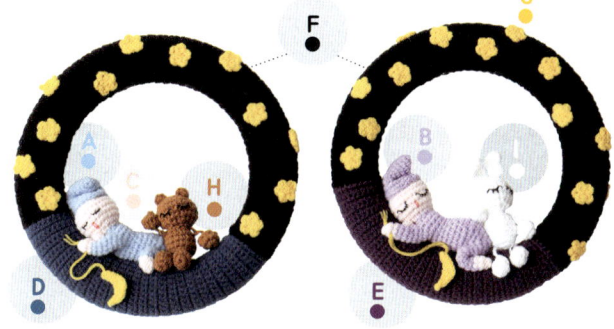

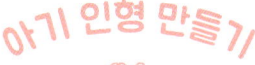

아기 인형 만들기
01

☆	단수	설명	콧수	색상
	1	(원형고리 안에) 짧은뜨기×6회, 빼뜨기	6	
주의사항	2	코 늘리기×6회	12	
코바늘 3호를	3	(짧은뜨기×1회, 코 늘리기)×6회	18	
사용한다.	4	(짧은뜨기×2회, 코 늘리기)×6회	24	
몸통에서	5	(짧은뜨기×3회, 코 늘리기)×6회	30	A/B
머리 순서로	6	5코 건너뛰기, (여섯 번째 코부터) 짧은뜨기×4회, 5코 건너뛰기, (여섯 번째 코부터) 짧은뜨기×4회, (코 줄이기, 짧은뜨기×4회)×2회	18	
뜬다.	7	짧은뜨기×18회	18	
	8	짧은뜨기×8회, 코 줄이기, 짧은뜨기×2회, 코 줄이기, 짧은뜨기×4회	16	

9	짧은뜨기×7회, 코 줄이기, 짧은뜨기×2회, 코 줄이기, 짧은뜨기×3회	14	
10	짧은뜨기×14회	14	
11	짧은뜨기×13회, (마지막 코에) 4코 늘리기	17	
12	짧은뜨기×5회, (다음 코에) 4코 늘리기, 짧은뜨기×9회, 코 늘리기×2회	22	A/B
13	짧은뜨기×5회, 코 늘리기×2회, 짧은뜨기×13회, 코 늘리기×2회	26	
14	짧은뜨기×5회, 5코 건너뛰기, (여섯 번째 코부터) 짧은뜨기×10회, 5코 건너뛰기, (여섯 번째 코에) 짧은뜨기×1회	16	
15	코 줄이기×8회	8	
16	(코 늘리기×3회, 짧은뜨기×1회)×2회	14	
17	(짧은뜨기×1회, 코 늘리기)×7회	21	
18	(짧은뜨기×2회, 코 늘리기)×7회	28	
19~21	짧은뜨기×28회	28	C
22	(짧은뜨기×2회, 코 줄이기)×7회	21	
23	(짧은뜨기×1회, 코 줄이기)×7회	14	
24	코 줄이기×7회	7	
돗바늘 마무리			

• 솜: 18단까지 뜬 후 채운 다음 24단까지 뜬 후 끝까지 채운다.

1 엉덩이를 시작으로 다리 구멍 2개를 만들고 같은 방법으로 팔 구멍 2개를 만든 후 색상을 바꿔서 얼굴을 이어 뜨는 과정이다. 우선 도안을 보면서 1~5단을 뜬다.

2 6단은 첫 5코를 건너뛴 후 여섯 번째 코부터 짧은뜨기를 4회 뜨고, 다음 5코를 건너뛴 후 그다음 코부터 짧은뜨기를 4회 뜬다.

3 이어서 '코 줄이기, 짧은뜨기×4회'를 한 세트로 총 2회 반복한다.

4 도안을 보면서 7~13단을 뜬다. 14단에서는 팔 구멍을 만들어준다. 짧은뜨기를 5회 뜬 후 다음 5코를 건너뛰고 여섯 번째 코부터 짧은뜨기를 10회 뜬다. 그다음 5코를 건너뛰고 남은 한 코를 짧은뜨기로 뜬다.

5 15단까지는 색상A(B)로 뜨고 16단부터는 색상C로 바꿔서 도안대로 이어 뜬다.

다리

	단수	설명	콧수	색상
☆	1	(몸통에 실을 이어서) 짧은뜨기×7회	7	
	2	짧은뜨기×5회, 빼뜨기×2회	7	
주의사항	3	빼뜨기×1회, 짧은뜨기×4회, 빼뜨기×2회	7	A/B
코바늘 3호를 사용한다.	4~6	짧은뜨기×7회	7	
다리와 팔은 몸통에 땀을	7~8	짧은뜨기×7회	7	
연결한 후 이어서 뜬다.		돗바늘 마무리		C

팔

	단수	설명	콧수	색상
☆	1	(몸통에 실을 이어서) 짧은뜨기×7회	7	A/B
주의사항	2~5	짧은뜨기×7회	7	
코바늘 3호를 사용한다.	6~7	짧은뜨기×7회	7	
팔과 다리에는 솜을 채우지 않는다.		돗바늘 마무리		C

고깔모자

단수	설명	콧수	색상
1	(원형고리 안에) 짧은뜨기×5회, 빼뜨기	5	
2	코 늘리기×5회	10	
3	짧은뜨기×10회	10	
4	(짧은뜨기×1회, 코 늘리기)×5회	15	A/B
5~6	짧은뜨기×15회	15	
7	(짧은뜨기×2회, 코 늘리기)×5회	20	
8~9	짧은뜨기×20회	20	
10	(짧은뜨기×3회, 코 늘리기)×5회	25	

• 꿰맬실: 둘레의 3배를 남기고 자른다.

6 사진처럼 바늘이 들어간 첫 코 위치
를 확인한 후 양쪽 다리 구멍에 실을
연결해서 다리를 뜨되 솜은 채우지
않는다.

7 다리와 마찬가지로 팔도 사진처럼
바늘이 들어간 첫 코 위치를 확인한
후 구멍에 실을 연결해서 뜨되 솜은
채우지 않는다.

8 다리를 반으로 접은 다음 다리 안쪽
을 단단하게 꿰매서 아기가 엎드린
모습을 표현한다.

9 고깔모자는 도안대로 떠서 머리 위
에 비스듬히 꿰매주고 모자 윗부분
을 접어서 고정시킨다.

56

리스 커버

☆

주의사항

코바늘 4호를
사용한다.

단수	설명	콧수	색상
	(기둥코 포함) 사슬 26개	26	
1	(두 번째 사슬부터) 짧은뜨기×25회, 사슬 1개	25	D/E
2~51	(반시계 방향으로 돌린 후) 짧은뜨기×25회, 사슬 1개	25	
52~151	(반시계 방향으로 돌린 후) 짧은뜨기×25회, 사슬 1개	25	F

• 꿰맬실: 1~151단 길이의 약 3배를 남기고 자른다.

별(12개)

☆

주의사항

코바늘 3호를
사용한다.

설명	콧수	색상
사슬 5개, (첫 번째 사슬에) 빼뜨기를 해서 원을 만든다.	5	G
(사슬 3개, (다음 코에) 빼뜨기)×5회		

• 꿰맬실: 약 20cm 남기고 자른다.

달

☆

주의사항

코바늘 3호를
사용한다.

단수	설명	콧수	색상
	(기둥코 포함) 사슬 8개	8	
1	(두 번째 사슬부터) 빼뜨기×1회, 짧은뜨기로 코 늘리기, 긴뜨기로 코 늘리기, 한길긴뜨기로 코 늘리기, 긴뜨기로 코 늘리기, 짧은뜨기로 코 늘리기, 빼뜨기×1회	12	G

• 꿰맬실: 약 25cm 남기고 자른다.

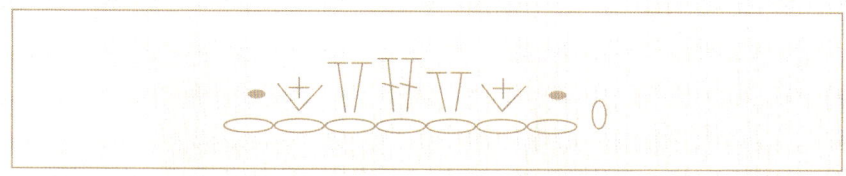

10 우드락 원리즈를 준비한다. 도안을
보면서 리스 커버를 뜬 다음 우드락
전체를 감싼 후 돗바늘을 이용해 옆
선을 꿰맨다.

♥ 원형이기 때문에 경우에 따라 두 땀
씩 봉접해서 모양을 맞춘다.

11 도안대로 별을 떠서 리스의 검정색
부분에 돗바늘로 꿰맨다.

♥ 개수는 원하는 만큼 만들어 달아도
된다.

12 인형은 사진처럼 리스의 파란 부분
왼쪽에 엎드린 자세를 잡아가며 꿰
맨다.

13 인형 얼굴에 자수실로 감은 눈과 동
그랗고 귀여운 입을 수놓는다.

14 도안대로 달을 뜬 후 남은 실을 인
형의 한쪽 손에 통과시킨 후 리스보
다 길게 내려오게 늘어뜨린 다음 매
듭을 지어 빠지지 않게 고정한다.

얼굴

☆

주의사항

코바늘 3호를
사용한다.

단수	설명	콧수	색상
1	(원형고리 안에) 짧은뜨기×6회, 빼뜨기	6	
2	코 늘리기×6회	12	
3	(짧은뜨기×1회, 코 늘리기)×6회	18	
4	(짧은뜨기×2회, 코 늘리기)×6회	24	
5~6	짧은뜨기×24회	24	H/I
7	(짧은뜨기×2회, 코 줄이기)×6회	18	
8	(짧은뜨기×1회, 코 줄이기)×6회	12	
9	코 줄이기×6회	6	
	돗바늘 마무리		

• 솜: 8단까지 채운다.

몸통

☆

주의사항

코바늘 3호를
사용한다.

단수	설명	콧수	색상
1	(원형고리 안에) 짧은뜨기×6회, 빼뜨기	6	
2	코 늘리기×6회	12	
3	(짧은뜨기×3회, 코 늘리기)×3회	15	
4~6	짧은뜨기×15회	15	H/I
7	(짧은뜨기×3회, 코 줄이기)×3회	12	
8	코 줄이기×6회	6	
	돗바늘 마무리		

• 봉접실: 약 20cm 남기고 자른다.
• 솜: 8단까지 채운다.

손과 발(4개)

☆

주의사항

코바늘 3호를
사용한다.

단수	설명	콧수	색상
1	(원형고리 안에) 짧은뜨기×6회, 빼뜨기	6	
2	코 늘리기×6회	12	H/I
3	코 줄이기×6회	6	

• 솜: 모두 소량만 채운다.
• 꿰맬실: 손 2개, 발 2개를 뜬 후 한쪽 손과 발은 각각 꿰맬실을 약 25cm 남기고,
나머지 손과 발은 돗바늘 마무리 후 정리한다.

테디 귀(2개)

	설명	콧수	색상
☆	(원형고리 안에) 짧은뜨기×4회	4	H

주의사항
코바늘 3호를
사용한다.

• 꿰맬실 : 첫 코에 빼뜨기 없이 원을 조여준 후 약 15cm 남기고 자른다.

바니 귀(2개)

단수	설명	콧수	색상
☆	(기둥코 포함) 사슬 7개	7	
1	(두 번째 사슬부터) 빼뜨기×1회, 짧은뜨기×1회, 긴뜨기×2회, 한길긴뜨기×1회, (마지막 사슬에) 한길긴뜨기×6회	16	I
	(반대편 반 코에) 한길긴뜨기×1회, 긴뜨기×2회, 짧은뜨기×1회, 빼뜨기×1회		

주의사항
코바늘 3호를
사용한다.

• 꿰맬실: 약 15cm 남기고 자른다.

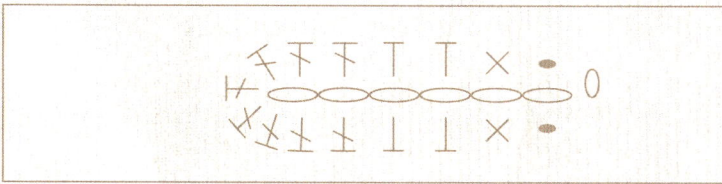

15 도안을 보면서 테디를 부위별로 뜬 후 각자의 위치에 봉접한다. 팔다리의 경우 실이 긴 쪽을 몸통에 통과시킨 후 실이 없는 손과 발을 반대편에 꿰매서 연결한다.

16 바니는 귀를 제외하고 도안과 봉접하는 법이 테디와 같다. 바니도 도안에 맞춰 뜬 후 봉접한다.

17 검정색 자수실로 감은 눈을 수놓는다. 눈썹 길이는 두 땀을 사용하면 되고 속눈썹을 네 가닥 정도 만들어 주면 가장 예쁘다.

18 테디와 바니를 각각 리스 위의 아기 옆에 기대어 자는 모습으로 꿰맨다.

♥ 하나의 리스에 아기, 그리고 테디와 바니가 모두 함께 앉아 있도록 꾸며도 귀엽다.

15　16~17

18

열 손가락과 두 손바닥을 움직여 감각을 자극시키는 두뇌발달 손뜨개 장난감입니다.
어두운 색상부터 밝은 색상까지 다양하게 믹스매칭 해서 눈이 즐거워요.
아이가 조물조물 가지고 놀면서 자연스럽게 색상을 익힐 수 있답니다.

♥

코바늘 5호
● 실(코튼 65%+아크릴 35%):
A(흰색)
B(연베이지)
C(연노랑)
D(노랑)
E(펌킨)
F(빨강)
G(피치 핑크)
H(피스타치오 그린)
I(멜란지 코코아)
J(밤색)
K(보라)
L(어두운 보라)
M(청색)
N(회색)
O(차콜)
P(검정)
Q(베이지)
R(파랑)
S(인디 핑크)
T(버건디)
U(연핑크)
V(핫핑크)
20g씩

알록달록 장난감

☆

주의사항

7~50단까지 두 번
더 반복해서 뜬다.

단수	설명	콧수	색상
1	(원형고리 안에) 짧은뜨기×6회, 빼뜨기	6	
2	코 늘리기×6회	12	
3	(짧은뜨기×3회, 코 늘리기)×3회	15	
4~5	짧은뜨기×15회	15	A
6	(뒤반코걸어) 이랑뜨기	15	
7	짧은뜨기×15회	15	
8			
9	짧은뜨기×15회	15	B
10			
11	짧은뜨기×15회	15	C
12			

13			
14	짧은뜨기×15회	15	D
15			
16	짧은뜨기×15회	15	E
17			
18	짧은뜨기×15회	15	F
19			
20	짧은뜨기×15회	15	G
21			
22	짧은뜨기×15회	15	H
23			
24	짧은뜨기×15회	15	I
25			
26	짧은뜨기×15회	15	J
27			
28	짧은뜨기×15회	15	K
29			
30	짧은뜨기×15회	15	L
31			
32	짧은뜨기×15회	15	M
33			
34	짧은뜨기×15회	15	N
35			
36	짧은뜨기×15회	15	O
37			
38	짧은뜨기×15회	15	P
39			
40	짧은뜨기×15회	15	Q
41			
42	짧은뜨기×15회	15	R
43			
44	짧은뜨기×15회	15	S
45			
46	짧은뜨기×15회	15	T
47			
48	짧은뜨기×15회	15	U

| 49 | 짧은뜨기×15회 | 15 | V |
| 50 | | | |

• 솜: 통통하게 솜을 채워가며 뜬다.
• 봉접실: 둘레의 3배를 남기고 자른다.

1 도안과 색상표를 보면서 길게 뜬다.

♥ 배색할 때는 단마다 실을 끊고 새로 연결하고, 겸자를 이용해 중간중간 솜을 채운다.

2 다 뜬 후에는 사진과 같이 꼬아서 모양을 만든 후 양 끝을 이랑뜨기한 바로 윗단에 맞춰 흰색이 두 단만 보이게끔 봉접한다.

흑백 장난감으로 배색해보세요!

색 구분을 하기 이전의 아기에게는 차콜색, 회색, 검정색, 흰색을 사용해서 사진과 같이 흑백 장난감을 만들어줍니다. 색상 비율은 원하는 대로 자유롭게 하세요.

스마일리 페이스
(감정놀이 인형)

아이가 우울해할 때 감정놀이 인형을 꺼내어 기분을 업시켜주세요.
혼난 뒤 시무룩해진 아이에게 활짝 웃는 인형을 살짝 건네는 것도 좋겠죠?
인형이 개구지게 웃고 있는 모습을 보면 아이 입가에도 마법처럼
미소가 지어질 거예요.

♥

코바늘 6호 · 2호
목공본드
이쑤시개
● 실(코튼 65%+아크릴 35%):
  A(연베이지)
  B(연노랑)
  C(노랑)
  D(보라)
  E(파랑)
  F(인디 퍼플)
  G(피치 핑크)
  H(피스타치오 그린)
  각각 25g씩
● 레이스실:
  I(흰색/15g)
  J(핑크/약간)
● 자수실:
  검정색 약간

기본 얼굴 만들기
01

☆	단수	설명	콧수	색상
	1	(원형고리 안에) 짧은뜨기×6회, 빼뜨기	6	A/B/C/D/E/F/G/H
주의사항	2	코 늘리기×6회	12	
코바늘 6호를	3	(짧은뜨기×1회, 코 늘리기)×6회	18	
사용한다.	4	짧은뜨기×1회, 코 늘리기, (짧은뜨기×2회, 코 늘리기)×5회, 짧은뜨기×1회	24	
	5	(짧은뜨기×3회, 코 늘리기)×6회	30	
	6	짧은뜨기×2회, 코 늘리기, (짧은뜨기×4회, 코 늘리기)×5회, 짧은뜨기×2회	36	
	7~10	짧은뜨기×36회	36	
	11	짧은뜨기×2회, 코 줄이기, (짧은뜨기×4회, 코 줄이기)×5회, 짧은뜨기×2회	30	

12	(짧은뜨기×3회, 코 줄이기)×6회	24	A/
13	짧은뜨기×1회, 코 줄이기, (짧은뜨기×2회, 코 줄이기)×5회, 짧은뜨기×1회	18	B/ C/
14	(짧은뜨기×1회, 코 줄이기)×6회	12	D/ E/
15	코 줄이기×4회	8	F/
	돗바늘 마무리		G/ H

• 솜: 빵빵하게 채운다.

- -

1 도안을 보고 원하는 색상으로 얼굴을 뜬다.

2 표정을 만들 때 필요한 재료를 준비한다(검정색 실 1가닥(약 40cm), 돗바늘, 쪽가위, 목공본드).

활짝이 만들기 02

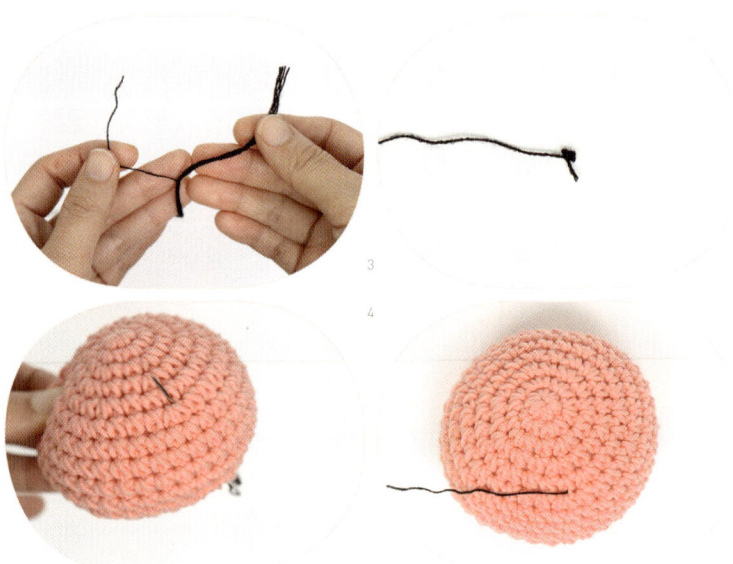

3 준비한 실이 합사인 경우 한 가닥만 갈라낸 후 한쪽 끝을 5~6번 묶어서 두꺼운 매듭을 만든다.

4 다섯 번째 단에 맞춰 돗바늘을 통과시킨다.

♥ 땀과 땀 사이의 구멍이 아닌, 땀을 뚫어서 통과시켜야 매듭이 걸려 실이 쉽게 빠지지 않는다.

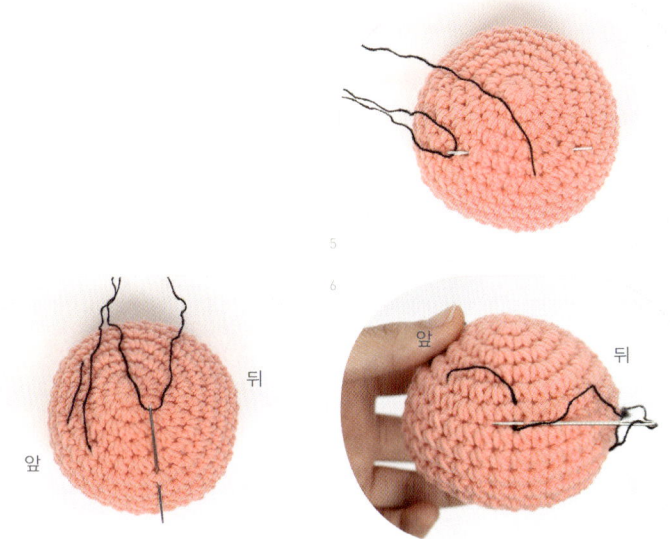

5 사진처럼 다섯 번째 땀 구멍에 바늘을 넣어 처음 실이 나온 위치에서부터 세 번째 땀
을 지나 다음 땀을 갈라서 통과시킨다.

♥ 실 길이는 눈의 아치 모양을 만들 수 있을 만큼 빼둔다.

6 다른 눈도 같은 방법으로 다섯 번째 땀 구멍으로 바늘을 넣고 한 단 아래로 빼낸 뒤 사
진과 같이 바늘을 반 땀만 통과시킨다.

♥ 여기서부터 입 모양이 시작된다.

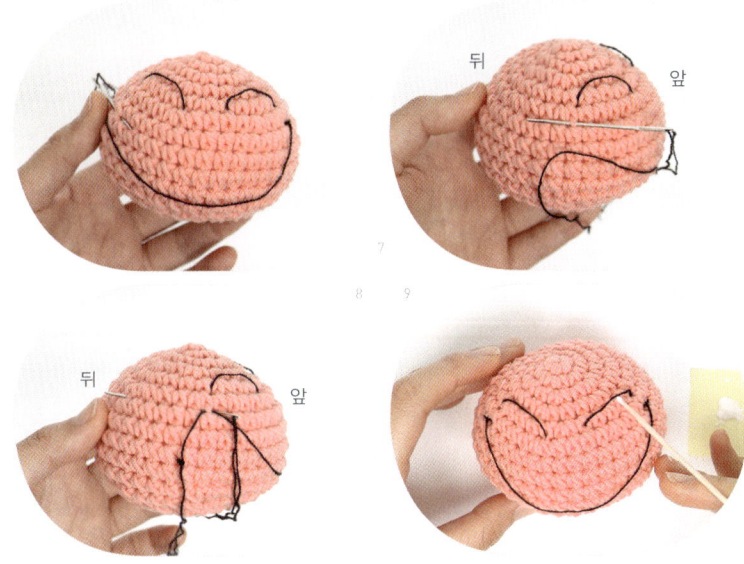

7 이어서 입을 만드는데, 6의 실을 왼쪽 눈의 왼쪽 끝에 맞춰서 통과시킨 후 반대편과 마
찬가지로 반 땀만 갈라서 뺀다.

8 실을 엄지손가락 길이만큼 띄운 자리에 매듭을 5~6번 만들어준 후 다시 한 번 사진과
같은 방향으로 바늘을 빼서 실을 정리한다.

♥ 이렇게 해야 실이 빠지지 않는다.

9 실로 아웃트라인을 잡아놓고 목공본드를 이용해서 고정시킨다.

큰 이

☆

주의사항
레이스실을 사용하여
코바늘 2호로
뜬다.

단수	설명	콧수	색상
	(기둥코 포함) 사슬 4개	4	
1	(두 번째 사슬부터) 짧은뜨기×3회, (반시계 방향으로 돌리기)	3	I
2	(기둥코 사슬 1개) 짧은뜨기×3회, (반시계 방향으로 돌리기)	3	
3	(기둥코 사슬 1개) 짧은뜨기×3회	3	

• 꿰맬실: 약 15cm 남기고 자른다.

작은 이

☆

주의사항
레이스실을 사용하여
코바늘 2호로
뜬다.

단수	설명	콧수	색상
	(기둥코 포함) 사슬 3개	3	
1	(두 번째 사슬부터) 짧은뜨기×2회, (반시계방향으로 돌리기)	2	I
2	(기둥코 사슬 1개) 짧은뜨기×2회, (반시계 방향으로 돌리기)	2	

• 꿰맬실: 약 15cm 남기고 자른다.

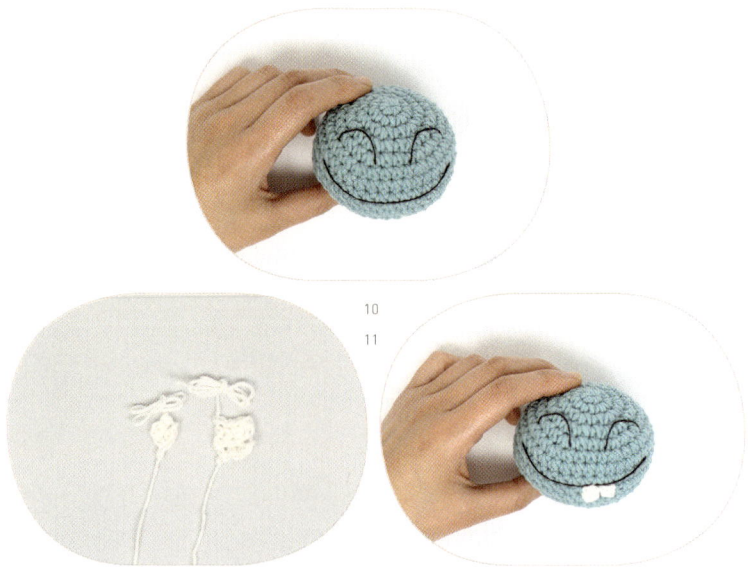

10 활짝이와 같은 방법으로 얼굴을 뜨고 실을 이용해 표정을 만들어주되, 입 모양만 사
진처럼 작은 미소로 만든다.

11 도안을 보고 큰 이와 작은 이를 하나씩 뜬 후 **10**의 입 바로 아래에 꿰맨다.

입

단수	설명	콧수	색상
	(기둥코 포함) 사슬 22개	22	
1	(세 번째 사슬부터) 긴뜨기×20회, (반시계 방향으로 돌리기)	20	
2	(기둥코 사슬 2개, 세 번째 코부터) 긴뜨기×18회, (반시계 방향으로 돌리기)	19	
3	(기둥코 사슬 2개, 세 번째 코부터) 긴뜨기×16회, (반시계 방향으로 돌리기)	17	
4	(기둥코 사슬 2개, 세 번째 코부터) 긴뜨기×14회, (반시계 방향으로 돌리기)	15	I
5	(기둥코 사슬 2개, 세 번째 코부터) 긴뜨기×12회, (반시계 방향으로 돌리기)	13	
6	(기둥코 사슬 2개, 세 번째 코부터) 긴뜨기×10회, (반시계 방향으로 돌리기)	11	
7	(기둥코 사슬 2개, 세 번째 코부터) 긴뜨기×8회, (반시계 방향으로 돌리기)	9	
8	(두 번째 코부터) 짧은뜨기로 코 줄이기, 빼뜨기×4회, 코 줄이기	6	

• 봉접실: 약 40cm 남기고 자른다.

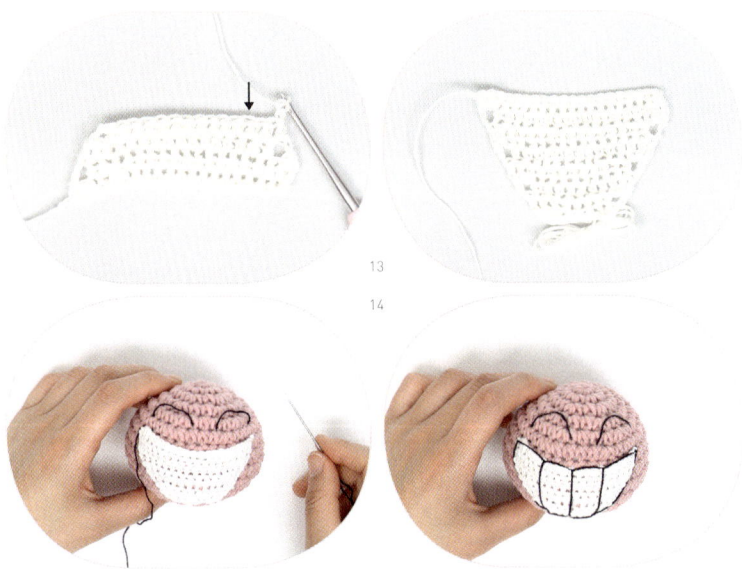

13

14

12 활짝이와 같은 방법으로 얼굴을 뜨고 실을 이용해 눈을 만든다.

13 입 도안의 '세 번째 코'가 들어갈 위치는 사진을 참조하여 뜬다.

♥ 여기서 기둥코는 긴뜨기 1개로 계산한다. 따라서 총 콧수는 긴뜨기를 뜬 개수+기둥
코 1개가 된다.

14 입을 얼굴에 꿰매고 검정색 자수실로 테두리를 두른 뒤 세로 줄을 가운데에 3개 만들
어 완성한다.

메롱

단수	설명	콧수	색상
	(기둥코 포함) 사슬 7개	7	
1	(두 번째 사슬부터) 짧은뜨기×6회, (반시계 방향으로 돌리기)	6	
2	(기둥코 사슬 1개, 다음 코부터) 짧은뜨기×5회, (반시계 방향으로 돌리기)	5	
3	(기둥코 사슬 1개, 다음 코부터) 짧은뜨기×4회, (반시계 방향으로 돌리기)	4	J
4	(기둥코 사슬 1개, 다음 코부터) 짧은뜨기×3회, (반시계 방향으로 돌리기)	3	
5	(기둥코 사슬 1개, 다음 코부터) 짧은뜨기×2회, (반시계 방향으로 돌리기)	2	
	빼뜨기로 테두리를 한 바퀴 뜬다.		

• 봉접실: 약 25cm 남기고 자른다.

☆

주의사항

레이스실을 사용하여
코바늘 **2**호로
뜬다.

15 앞니 빠진 동글이와 같은 방법으로 얼굴을 뜨고 실을 이용해 표정을 만든다.

16 메롱 도안의 '다음 코'가 들어갈 위치는 사진을 참조하여 뜬다.

17 16을 입 바로 오른쪽 아래에 꿰맨다.

손가락 인형

무지개

빨주노초파남보~ 무지개 손가락 인형으로 알록달록 색깔놀이도 하고
흰색, 회색 그리고 검정색의 무채색도 함께 보여주며
아이에게 색상의 다양함을 접할 기회를 주세요.
엄마와 아이가 다양한 역할놀이도 함께할 수 있으니 즐거운 시간을 보내세요.

♥

코바늘 4호

단추눈 5mm 7쌍, 6mm 1쌍

● 실(코튼 65%+아크릴 35%):

A(주황/25g)

B(살색/20g)

C(초록/20g)

D(멜란지 코코아/15g)

E(남색/25g)

F(흰색/30g)

G(검정/15g)

H(빨강/25g)

I(밤색/35g)

J(노랑/30g)

K(파랑/25g)

L(진초록/약간)

M(보라/25g)

N(연핑크/약간)

O(연회색/25g)

● 자수실:

진핑크(입) 약간

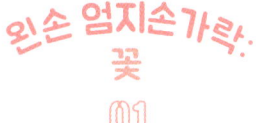

왼손 엄지손가락:
꽃
01

꽃술

설명	콧수	색상
(원형고리 안에) 짧은뜨기×8회, 빼뜨기	8	J

꽃잎(6개)

단수	설명	콧수	색상
1	(원형고리 안에) 짧은뜨기×6회, 빼뜨기	6	
2	코 늘리기×6회	12	
3~5	짧은뜨기×12회	12	
6	(짧은뜨기×2회, 코 줄이기)×3회	9	H
7	짧은뜨기×9회	9	
8	(짧은뜨기×1회, 코 줄이기)×3회	6	
9	코 줄이기×2회	4	
돗바늘 마무리			

• 봉제실: 약 10cm 남기고 자른다.

꽃대

단수	설명	콧수	색상
1	(원형고리 안에) 짧은뜨기×6회, 빼뜨기	6	
2	코 늘리기×6회	12	I
3	(짧은뜨기×2회, 코 늘리기)×4회	16	
4~10	짧은뜨기×16회	16	

• 실을 자른 후 '코 만들어 정리하기'(28쪽 참조)를 한다.

1 도안을 보고 꽃술을 먼저 뜬 후 실을 정리한 다음 꽃잎을 6개 만들어 꽃술에 하나씩 바짝 붙여 꿰맨다.

♥ 꽃잎과 꽃잎 사이가 벌어져 있을 경우, 양옆을 바짝 붙여 연결해주면 더욱 보기 좋다.

2 도안을 보고 꽃대를 완성한 후 실을 정리한 다음 1의 중심에 꿰맨다.

얼굴과 몸통

☆	단수	설명	콧수	색상
주의사항 얼굴에서 몸통 순서로 뜬다.	1	(원형고리 안에) 짧은뜨기×6회, 빼뜨기	6	
	2	코 늘리기×6회	12	
	3	(짧은뜨기×1회, 코 늘리기)×6회	18	
	4	(짧은뜨기×5회, 코 늘리기)×3회	21	B
	5~7	짧은뜨기×21회	21	
	8	(짧은뜨기×5회, 코 줄이기)×3회	18	
	9	(짧은뜨기×1회, 코 늘리기)×6회	12	
	10	코 줄이기×6회	6	
	11	짧은뜨기×6회	6	
	12	코 늘리기×6회	12	
	13	(짧은뜨기×5회, 코 늘리기)×2회	14	
	14~16	짧은뜨기×14회	14	
	17	(짧은뜨기×6회, 코 늘리기)×2회	16	A
	18	(짧은뜨기×3회, 코 늘리기)×4회	20	
	19	짧은뜨기×20회	20	
	20	(짧은뜨기×3회, 코 늘리기)×5회	25	
	21	(짧은뜨기×4회, 코 늘리기)×5회	30	

• 실: 약 10cm 남기고 자른 뒤 '코 만들어 정리하기'(28쪽 참조)를 한다.
• 솜: 솜은 얼굴에만 채운다.

리본

단수	설명	콧수	색상
1	(기둥코 포함) 사슬 4개	4	A
2~13	짧은뜨기×4회	4	

• 꿰맬실: 약 20cm 남기고 자른다.

---

3 오렌지를 든 꼬마는 도안을 보고 얼굴에서 몸통 순서로 뜬다.

4 얼굴과 몸통이 이어지는 부분을 위아래 한 땀씩 봉접해서 귀여운 느낌을 살린다.

3

4

5

6

5 밤색 실(색상I)을 바늘에 꿴 후 원형 고리(머리통 중앙에 있는 구멍)에서부터 다섯 번째 단으로 여러 번 실을 통과시켜 앞머리를 만든다.

6 뒷머리는 **5**와 같은 방법으로 앞머리보다 두 단 아래까지 통과시켜 뒤통수를 전부 메운다.

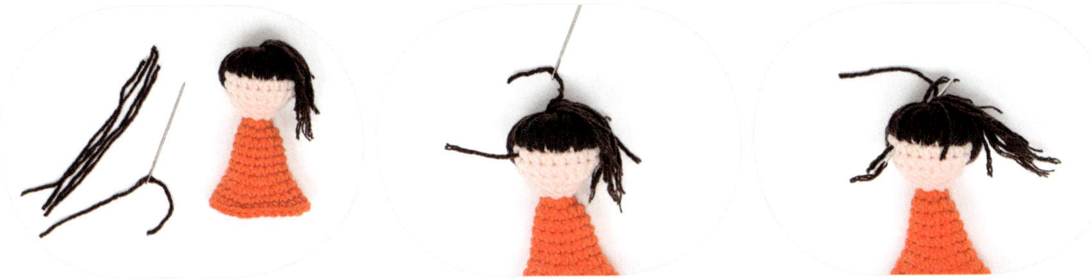

7 머리 밑작업이 끝나면 머리카락을 심는다. 실 한 가닥을 바늘에 꿰어 반쪽만 머리통 아랫부분에서 원형고리로 통과시켜 길이를 조절한다. 나머지 반쪽도 같은 방법으로 다른 구멍으로 통과시켜 뺀다.

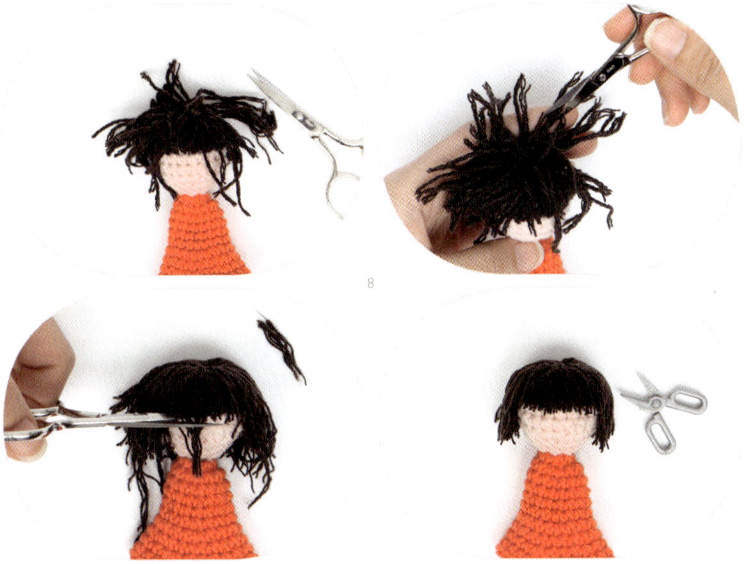

♥ 안에서 실끼리 얽혀 쉽게 빠지지 않는다.

8 머리카락을 충분히 심은 뒤 날카로운 가위로 빗질을 하고 길이에 맞춰 바가지 모양으로 자른다.

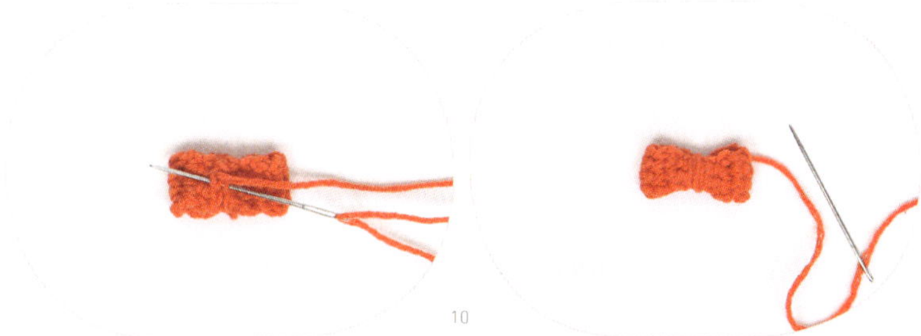

9 단추눈 5mm 한 쌍을 얼굴의 6단과 7단 사이, 3코 간격을 두고 단다.

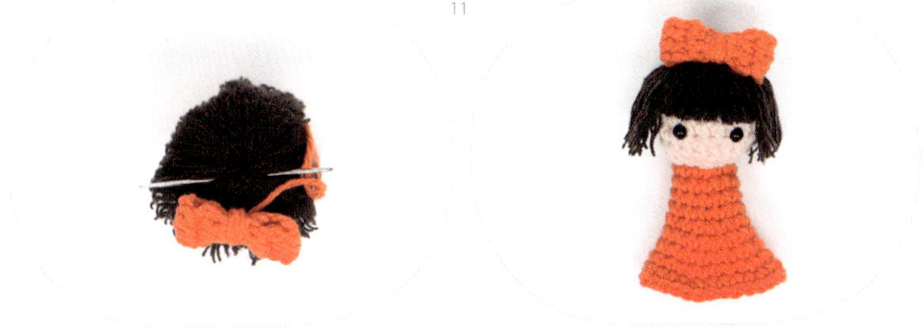

10 도안을 보고 리본을 뜬 후 양 끝을 반으로 접어 가장자리를 꿰매 잇는다. 남은 실로 가운데를 3~4번 감고 풀리지 않게 묶어서 리본을 만든다.

11 리본을 머리 중앙에 꿰맨다.

팔(2개)

단수	설명	콧수	색상
1	(원형고리 안에) 짧은뜨기×5회, 빼뜨기	5	B
2~6	짧은뜨기×5회	5	

• 봉접실: 둘레의 3배를 남기고 자른다.

오렌지

단수	설명	콧수	색상
1	(원형고리 안에) 짧은뜨기×5회, 빼뜨기	5	A
2	코 늘리기×5회	10	
3	짧은뜨기×10회	10	
4	코 줄이기×5회	5	
	돗바늘 마무리		

• 솜: 약간만 채운다.

---

12 도안을 보고 팔을 뜬 후 솜을 채우지 않고 몸통에 납작하게 봉접한다.

♥ 참고로 모든 인형의 팔에는 솜을 넣지 않는다.

13 도안을 보고 오렌지를 뜬 후 솜을 약간만 채운다. 돗바늘 마무리를 한 후 한쪽 팔에 꿰맨다.

♥ 오렌지 잎은 따로 뜨지 않고 실을 2줄 연결한다(50쪽 **6**의 당근 잎 연결하는 방법 참조).

얼굴과 몸통

☆	단수	설명	콧수	색상
주의사항 얼굴에서 몸통 순서로 뜬다.	1	(원형고리 안에) 짧은뜨기×5회, 빼뜨기	5	
	2	코 늘리기×5회	10	
	3	(짧은뜨기×1회, 코 늘리기)×5회	15	
	4~5	짧은뜨기×15회	15	J
	6	(짧은뜨기×1회, 코 줄이기)×5회	10	
	7	코 줄이기×5회	5	
	8	코 늘리기×5회	10	
	9	(짧은뜨기×1회, 코 늘리기)×5회	15	
	10	짧은뜨기×15회	15	G
	11~12	짧은뜨기×15회	15	J
	13	짧은뜨기×15회	15	G
	14~15	짧은뜨기×15회	15	J
	16	짧은뜨기×15회	15	G

• 실: 약 10cm 남기고 자른 뒤 '코 만들어 정리하기'(28쪽 참조)를 한다.
• 솜: 얼굴에만 솜을 채운다.

날개(2개)

단수	설명	콧수	색상
1	(원형고리 안에) 짧은뜨기×6회, 빼뜨기	6	
2	코 늘리기×6회	12	F
3	(짧은뜨기×1회, 코 늘리기)×6회	18	
4	빼뜨기×18회	18	

• 꿰맬실: 약 10cm 남기고 자른다.

- -

더듬이(2개)

설명	색상
사슬 4개를 만든 후 5번 정도 묶어서 마무리한다.	G

손(2개)

단수	설명	콧수	색상
1	(원형고리 안에) 짧은뜨기×4회, 빼뜨기	4	
2	코 늘리기×4회	8	J
3	코 줄이기×4회	4	
	돗바늘 마무리		

• 꿰맬실: 돗바늘 마무리 후 한쪽 손만 약 12cm 남기고 자른다.
• 솜: 솜은 채우지 않는다.

- -

14 꿀벌은 도안을 보고 얼굴에서 몸통 순서로 배색을 해가며 뜬다. 날개와 더듬이도
도안을 보고 2개씩 뜬다.

15 날개는 꿀벌의 등 쪽에 꿰매고, 더듬이는 머리 위쪽에 꿰맨다.

16 단추눈 5mm 한 쌍을 얼굴의 4단과 5단 사이, 1코 간격을 두고 단다.

♥ 자수실을 이용해 원하는 모양으로 입을 수놓는다.

17 얼굴과 몸통이 이어지는 부분을 위아래 한 땀씩 봉접해서 귀여운 느낌을 살린다.

18 손은 도안을 보고 2개 뜨는데, 하나는 마무리 실을 짧게 자르고 나머지 하나는 꿰맬실을 약 12cm 남기고 자른다.

19 실이 길게 연결된 손을 몸통 옆에서 반대편 옆으로 통과시킨 후 다른 한쪽 손을 꿰맨다.

얼굴과 몸통

☆

주의사항

얼굴에서 몸통
순서로 뜬다.

단수	설명	콧수	색상
1	(원형고리 안에) 짧은뜨기×6회, 빼뜨기	6	
2	코 늘리기×6회	12	
3	(짧은뜨기×1회, 코 늘리기)×6회	18	
4	(짧은뜨기×5회, 코 늘리기)×3회	21	
5~6	짧은뜨기×21회	21	
7	(짧은뜨기×5회, 코 줄이기)×3회	18	C
8	(짧은뜨기×1회, 코 줄이기)×6회	12	
9	코 줄이기×6회	6	
10	코 늘리기×6회	12	
11	(짧은뜨기×3회, 코 늘리기)×3회	15	
12~18	짧은뜨기×15회	15	

• 실: 약 10cm 남기고 자른 뒤 '코 만들어 정리하기'(28쪽 참조)를 한다.
• 솜: 얼굴에만 솜을 채운다.

눈(2개)

설명	콧수	색상
(원형고리 안에) 짧은뜨기×7회, 빼뜨기	7	C

• 꿰맬실: 약 10cm 남기고 자른다.

손(2개)

단수	설명	콧수	색상
1	(원형고리 안에) 짧은뜨기×4회, 빼뜨기	4	
2	코 늘리기×4회	8	C
3	코 줄이기×4회	4	
	돗바늘 마무리		

• 꿰맬실: 돗바늘 마무리 후 한쪽 손만 약 12cm 남기고 자른다.
• 솜: 솜은 채우지 않는다.

20 개구리는 도안을 보고 얼굴에서 몸통 순서로 뜬다. 눈은 도안을 보고 2개를 뜬 후 사진처럼 얼굴 위쪽에 꿰맨다.

21 검정색 실로 눈동자를 만드는데, 실 가운데를 3번 정도 묶어서 매듭을 만든 다음 양 끝을 **20**의 눈의 원형고리 구멍 안으로 넣어 뒷면 2~3코 사이로 통과시킨 후 자른다.

♥ 자수실을 이용해 원하는 모양으로 입을 수놓는다.

22 손은 도안을 보고 2개를 뜬 후 꿀벌의 **18~19**(85쪽)를 참조하여 목통에 꿰맨다.

얼굴과 몸통

☆

주의사항
얼굴에서 몸통
순서로 뜬다.

단수	설명	콧수	색상
1	(원형고리 안에) 짧은뜨기×6회, 빼뜨기	6	
2	코 늘리기×6회	12	
3	(짧은뜨기×1회, 코 늘리기)×6회	18	
4	(짧은뜨기×5회, 코 늘리기)×3회	21	
5~6	짧은뜨기×21회	21	
7	(짧은뜨기×5회, 코 줄이기)×3회	18	K
8	(짧은뜨기×1회, 코 줄이기)×6회	12	
9	코 줄이기×6회	6	
10	코 늘리기×6회	12	
11	(짧은뜨기×3회, 코 늘리기)×3회	15	
12~18	짧은뜨기×15회	15	

• 실: 약 10cm 남기고 자른 뒤 '코 만들어 정리하기'(28쪽 참조)를 한다.
• 솜: 얼굴에만 솜을 채운다.

코

단수	설명	콧수	색상
1	(원형고리 안에) 짧은뜨기×4회, 빼뜨기	4	
2~3	짧은뜨기×4회	4	
4	빼뜨기×2회, 짧은뜨기×2회	4	K
5~6	짧은뜨기×4회	4	

• 봉접실: 둘레의 3배를 남기고 자른다.
• 솜: 솜은 채우지 않는다.

귀(2개)

단수	설명	콧수	색상
1	(원형고리 안에) 긴뜨기, 한길긴뜨기×2회, 두길긴뜨기×3회, 한길긴뜨기×2회, 긴뜨기	9	K

• 꿰맬실: 실을 당겨서 원을 조인 후 약 15cm 남기고 자른다.

- -

손(2개)

단수	설명	콧수	색상
1	(원형고리 안에) 짧은뜨기×4회, 빼뜨기	4	
2	코 늘리기×4회	8	K
3	코 줄이기×4회	4	
	돗바늘 마무리		

• 꿰맬실: 돗바늘 마무리 후 한쪽 손만 약 12cm 남기고 자른다.
• 솜: 솜은 채우지 않는다.

- -

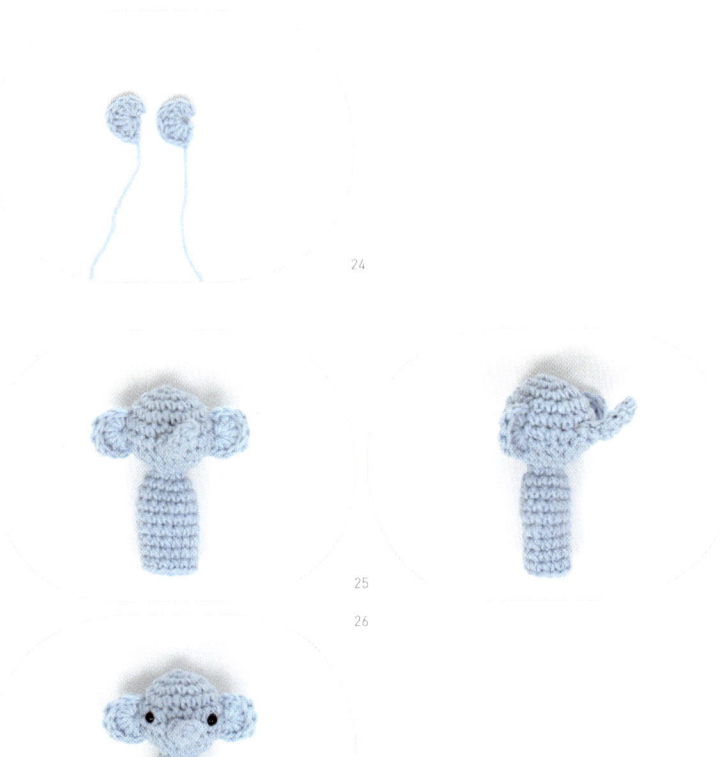

23 코끼리는 도안을 보고 얼굴에서 몸통 순서로 뜬다. 코와 귀 2개도 도안을 보고 뜬다.

24 귀를 뜰 때는 도안대로 원형고리 안에 차례로 하나씩 뜬 다음 짧은 줄을 당겨준다.

25 코는 사진처럼 얼굴 중앙에, 귀는 양옆에 꿰맨다.

26 단추눈 5mm 한 쌍을 코를 가운데에 두고 1코씩 건너뛰어 그다음 코에 달아준다.

27 손은 도안을 보고 2개를 뜬 후 꿀벌의 **18~19**(85쪽)를 참조하여 몸통에 꿰맨다.

얼굴과 몸통

☆

주의사항

얼굴에서 몸통
순서로 뜬다.

단수	설명	콧수	색상
1	(원형고리 안에) 짧은뜨기×6회, 빼뜨기	6	
2	코 늘리기×6회	12	
3	(짧은뜨기×1회, 코 늘리기)×6회	18	D
4	(짧은뜨기×5회, 코 늘리기)×3회	21	
5	짧은뜨기×21회	21	
6~7	짧은뜨기×21회	21	
8	(짧은뜨기×5회, 코 줄이기)×3회	18	
9	(짧은뜨기×1회, 코 줄이기)×6회	12	B
10	코 줄이기×6회	6	
11	짧은뜨기×6회	6	
12	코 늘리기×6회	12	E
13~18	짧은뜨기×12회	12	

• 실: 약 10cm 남기고 자른 뒤 '코 만들어 정리하기'(28쪽 참조)를 한다.
• 솜: 얼굴에만 솜을 채운다.

팔(2개)

단수	설명	콧수	색상
1	(원형고리 안에) 짧은뜨기×5회, 빼뜨기	5	
2~6	짧은뜨기×5회	5	B

• 봉접실: 둘레의 3배를 남기고 자른다.

헌팅캡

단수	설명	콧수	색상
1	(원형고리 안에) 짧은뜨기×8회, 빼뜨기	8	
2	코 늘리기×8회	16	
3	(짧은뜨기×3회, 코 늘리기)×4회	20	
4	짧은뜨기×20회	20	E
5	(짧은뜨기×2회, 코 줄이기)×5회	15	
6	(전부 앞 반 코에) 빼뜨기, 짧은뜨기, 긴뜨기로 코 늘리기, 긴뜨기로 3코 늘리기, (한 코에) 긴뜨기로 코 늘리기, 짧은뜨기, 빼뜨기	11	

물고기

단수	설명	콧수	색상
1	(원형고리 안에) 짧은뜨기×5회, 빼뜨기	5	
2	코 늘리기×5회	10	
3~6	짧은뜨기×10회	10	
7	코 줄이기×5회	5	E
8	코 늘리기×5회	10	
9	짧은뜨기×10회	10	

- 실: 약 15cm 남기고 자른 뒤 '코 만들어 정리하기'(28쪽 참조)를 한다.
- 솜: 솜은 채우지 않는다.

1 물고기를 든 꼬마는 도안을 보고 얼굴에서 몸통 순서로 뜬다. 팔 2개와 헌팅캡, 물고기도 도안을 보고 뜬다.

♥ 물고기 눈은 개구리 눈(87쪽 21 참조)과 같은 방법으로 매듭을 만들어 단다.

2 팔은 몸통 양옆에 봉접하고, 단추눈 5mm 한 쌍을 얼굴의 6단과 7단 사이, 4코 간격을 두고 단다.

3 헌팅캡은 머리에 살짝 삐딱하게 얹어 고정시키고, 물고기는 인형의 오른손에 꿰맨다.

오른손 넷째손가락:
포도를 든 꼬마
07

얼굴과 몸통

☆

주의사항

얼굴에서 몸통
순서로 뜬다.

단수	설명	콧수	색상
1	(원형고리 안에) 짧은뜨기×6회, 빼뜨기	6	
2	코 늘리기×6회	12	
3	(짧은뜨기×1회, 코 늘리기)×6회	18	J
4	(짧은뜨기×5회, 코 늘리기)×3회	21	
5	짧은뜨기×21회	21	
6~7	짧은뜨기×21회	21	
8	(짧은뜨기×5회, 코 줄이기)×3회	18	I
9	(짧은뜨기×1회, 코 줄이기)×6회	12	
10	코 줄이기×6회	6	
11	(짧은뜨기×1회, 코 늘리기)×3회	9	
12	짧은뜨기×9회	9	
13	(짧은뜨기×2회, 코 늘리기)×3회	12	M
14~17	짧은뜨기×12회	12	
18	3코 늘리기×12회	36	

• 실: 약 10cm 남기고 자른 뒤 '코 만들어 정리하기'(28쪽 참조)를 한다.
• 솜: 얼굴에만 솜을 채운다.

팔(2개)

단수	설명	콧수	색상
1	(원형고리 안에) 짧은뜨기×5회, 빼뜨기	5	I
2~6	짧은뜨기×5회	5	

• 봉접실: 둘레의 3배를 남기고 자른다.

포도알(6개)

설명	콧수	색상
(원형고리 안에) 짧은뜨기×4회, 빼뜨기	5	M

• 꿰맬실: 약 10cm 남기고 자른다.

포도 잎(1개)

설명	콧수	색상
(기둥코 포함) 사슬 4개	4	L
(두 번째 사슬부터) 짧은뜨기, 긴뜨기, 빼뜨기	3	

• 꿰맬실: 약 10cm 남기고 자른다.

4

8
9

4 포도를 든 꼬마는 도안을 보고 얼굴에서 몸통 순서로 뜬다. 팔 2개와 포도알 6개, 포도 잎도 도안을 보고 떠준다.

5 단추눈 5mm 한 쌍을 얼굴의 6단과 7단 사이, 3코 간격을 두고 단다.

♥ 자수실을 이용해 원하는 모양으로 입을 수놓는다.

6 4의 포도알을 위 3개, 중간 2개, 아래 1개를 배치해 꿰매서 포도송이 모양을 만들고 맨 위에 잎을 꿰매 단다.

7 팔은 몸통 양옆에 봉접하고, 포도는 인형의 오른손에 꿰맨다.

8 양갈래 머리는 당근 잎 연결하는 방법(50쪽의 **6**)을 참조해서 만든 후 보라색 실로 리본을 만들어 달아 포인트를 준다.

9 머리카락을 가위로 잘라서 양쪽 길이를 맞춘다.

얼굴과 몸통

☆

주의사항

얼굴에서 몸통
순서로 뜬다.

단수	설명	콧수	색상
1	(원형고리 안에) 짧은뜨기×6회, 빼뜨기	6	
2	코 늘리기×6회	12	
3	(짧은뜨기×1회, 코 늘리기)×6회	18	
4	(짧은뜨기×5회, 코 늘리기)×3회	21	
5~6	짧은뜨기×21회	21	
7	(짧은뜨기×5회, 코 줄이기)×3회	18	F
8	(짧은뜨기×1회, 코 줄이기)×6회	12	
9	코 줄이기×6회	6	
10	코 늘리기×6회	12	
11	(짧은뜨기×3회, 코 늘리기)×3회	15	
12~18	짧은뜨기×15회	15	

• 실: 약 10cm 남기고 자른 뒤 '코 만들어 정리하기'(28쪽 참조)를 한다.
• 솜: 얼굴에만 솜을 채운다.

귀(2개)

설명	콧수	색상
(기둥코 포함) 사슬 8개	8	
(두 번째 사슬부터) 빼뜨기, 짧은뜨기, 긴뜨기×2회, 한길긴뜨기×2회, (마지막 사슬에) 한길긴뜨기×6회, (반대편에) 한길긴뜨기×2회, 긴뜨기×2회, 짧은뜨기, 빼뜨기	18	F

• 꿰맬실: 약 10cm 남기고 자른다.

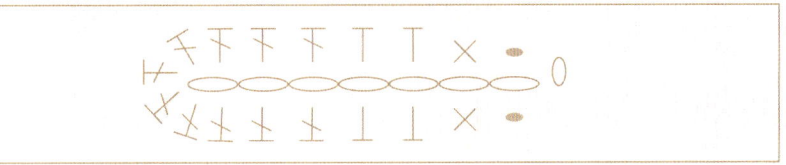

손(2개)

단수	설명	콧수	색상
1	(원형고리 안에) 짧은뜨기×4회, 빼뜨기	4	
2	코 늘리기×4회	8	F
3	코 줄이기×4회	4	
	돗바늘 마무리		

• 꿰맬실: 돗바늘 마무리 후 한쪽 손만 약 12cm 남기고 자른다.
• 솜: 솜은 채우지 않는다.

11   12

10 토끼는 도안을 보고 얼굴에서 몸통 순서로 뜬다. 귀와 손도 도안을 보고 2개씩 뜬다.

11 얼굴의 두 번째 단에 귀를 꿰맨다.

12 단추눈 5mm 한 쌍을 얼굴의 4단과 5단 사이, 2코 간격을 두고 단다. 입은 자수실을 이용해 플라이 스티치(30쪽 참조)로 수놓는다.

13 손은 도안을 보고 2개를 뜬 후 꿀벌의 **18~19**(85쪽)를 참조하여 몸통에 꿰맨다.

얼굴

단수	설명	콧수	색상
1	(원형고리 안에) 짧은뜨기×4회, 빼뜨기	4	N
2	(짧은뜨기×1회, 코 늘리기)×2회	6	
3	(짧은뜨기×2회, 코 늘리기)×2회	8	
4	짧은뜨기×3회, 빼뜨기×2회, 짧은뜨기×3회	8	
5	(짧은뜨기×3회, 코 늘리기)×2회	10	
6	짧은뜨기×10회	10	
7	(짧은뜨기×4회, 코 늘리기)×2회	12	
8	짧은뜨기×12회	12	
9	(짧은뜨기×2회, 코 늘리기)×4회	16	
10	(짧은뜨기×3회, 코 늘리기)×4회	20	O
11	(짧은뜨기×4회, 코 늘리기)×4회	24	
12~15	짧은뜨기×24회	24	
16	(짧은뜨기×4회, 코 줄이기)×4회	24	
17	(짧은뜨기×3회, 코 줄이기)×4회	20	
18	(짧은뜨기×2회, 코 줄이기)×4회	16	
19	(짧은뜨기×1회, 코 줄이기)×4회	12	
20	코 줄이기×4회	8	
	돗바늘 마무리		

• 솜: 통통하게 채운다.

몸통

단수	설명	콧수	색상
1	(원형고리 안에) 짧은뜨기×6회, 빼뜨기	6	
2	코 늘리기×6회	12	
3	(짧은뜨기×3회, 코 늘리기)×3회	15	O
4~12	짧은뜨기×15회	15	

• 실: 약 10cm 남기고 자른 뒤 '코 만들어 정리하기'(28쪽 참조)를 한다.

귀(2개)

단수	설명	콧수	색상
1	(원형고리 안에) 짧은뜨기×5회	5	N
2	(반시계 방향으로 돌린 후) 기둥코 사슬 1개, 코 늘리기×5회	10	
3	(반시계 방향으로 돌린 후) (짧은뜨기×1회, 코 늘리기)×5회	15	O

• 봉접실: 약 10cm 남기고 자른다.

손(2개)

단수	설명	콧수	색상
1	(원형고리 안에) 짧은뜨기×4회, 빼뜨기	4	
2	코 늘리기×4회	8	O
3	코 줄이기×4회	4	
	돗바늘 마무리		

• 꿰맬실: 돗바늘 마무리 후 한쪽 손만 약 12cm 남기고 자른다.
• 솜: 솜은 채우지 않는다.

14

16

14 도안을 보고 얼굴, 몸통, 귀 2개를 뜬다.

15 실을 서로 연결해서 얼굴과 몸통을 봉접하고, 귀는 눈에서부터 3코 간격을 두고 얼굴 양쪽에 꿰맨다.

16 단추눈 6mm 한 쌍을 얼굴의 11단과 12단 사이, 2코 간격을 두고 단다.

17 손은 도안을 보고 2개를 뜬 후 꿀벌의 **18~19**(85쪽)를 참조하여 몸통에 꿰맨다.

얼굴과 몸통

☆

주의사항
얼굴에서 몸통
순서로 뜬다.

단수	설명	콧수	색상
1	(원형고리 안에) 짧은뜨기×6회, 빼뜨기	6	
2	코 늘리기×6회	12	
3	(짧은뜨기×1회, 코 늘리기)×6회	18	
4	(짧은뜨기×5회, 코 늘리기)×3회	21	
5~6	짧은뜨기×21회	21	
7	(짧은뜨기×5회, 코 줄이기)×3회	18	F
8	(짧은뜨기×1회, 코 줄이기)×6회	12	
9	코 줄이기×6회	6	
10	코 늘리기×6회	12	
11	(짧은뜨기×3회, 코 늘리기)×3회	15	
12~18	짧은뜨기×15회	15	

- 실: 약 10cm 남기고 자른 뒤 '코 만들어 정리하기'(28쪽 참조)를 한다.
- 솜: 얼굴에만 솜을 채운다.

귀(2개)

단수	설명	콧수	색상
1	(원형고리 안에) 짧은뜨기×3회	3	G
2	(반시계 방향으로 돌린 후) 코 늘리기×3회	6	

• 봉접실: 약 12cm 남기고 자른다.

눈 패치(2개)

단수	설명	콧수	색상
1	(원형고리 안에) 짧은뜨기×6회, 빼뜨기	6	G

• 실: 약 10cm 남기고 자른 뒤 '코 만들어 정리하기'(28쪽 참조)를 하고 나머지 실로 꿰맨다.

손(2개)

단수	설명	콧수	색상
1	(원형고리 안에) 짧은뜨기×4회, 빼뜨기	4	
2	코 늘리기×4회	8	G
3	코 줄이기×4회	4	
	돗바늘 마무리		

• 꿰맬실: 돗바늘 마무리 후 한쪽 손만 약 12cm 남기고 자른다.
• 솜: 솜은 채우지 않는다.

18   19

18 판다는 도안을 보고 얼굴에서 몸통 순서로 뜬다. 귀와 눈 패치도 도안을 보고 2개씩 뜬다.

19 귀는 얼굴의 첫 번째 단에 꿰매고, 단추눈 5mm 한 쌍을 눈 패치 한가운데에 꿰맨 다음 얼굴의 5단과 6단 사이, 3코 간격을 두고 단다.

20 손은 도안을 보고 2개를 뜬 후 꿀벌의 **18~19**(85쪽)를 참조하여 몸통에 꿰맨다.

코끼리는 '코'가 길어요!
기린은 '뿔'이 있어요!
토끼는 '귀'가 쭝긋해요!
아기에게 동물들의 특성을 시각적으로 보여줄 수 있고,
손잡이 아랫부분에 방울을 넣어서 청각도 자극시킬 수 있는
딸랑이 장난감이에요.
딸캉말캉한 손잡이를 잡고 놀면서 손가락 운동도 할 수 있게 디자인했답니다.

♥

동물 친구
딸랑이

코바늘 5호
타원형 나사눈 9mm 3쌍
방울 2.7cm 3개
● 실(코튼 65%+아크릴 35%):
　A(회색/30g)
　B(연노랑/35g)
　C(흰색/30g)
　D(인디 블루/약간)
　E(보라/약간)
　F(베이지/약간)
　G(연베이지/약간)
　H(밤색/약간)
　I(핫핑크/약간)
● 자수실:
　핑크(토끼 입) 20cm
　밤색(기린 코) 50cm

- ᱠᱠᱠᱠᱠᱠᱠᱠ ᱬ 딸랑이 몸통 만들기 ᱬ ᱠᱠᱠᱠᱠᱠᱠᱠ -
01

단수	설명	콧수	색상
1	(원형고리 안에) 짧은뜨기×6회, 빼뜨기	6	A/B/C
2	코 늘리기×6회	12	
3	(짧은뜨기×1회, 코 늘리기)×6회	18	
4	(짧은뜨기×2회, 코 늘리기)×6회	24	
5	(짧은뜨기×3회, 코 늘리기)×6회	30	
6~9	짧은뜨기×30회	30	

10	(짧은뜨기×3회, 코 줄이기)×6회	24	
11	(짧은뜨기×2회, 코 줄이기)×6회	18	A/B/C
12	(짧은뜨기×1회, 코 줄이기)×6회	12	
13~14	짧은뜨기×12회	12	B/E/I
15~16	짧은뜨기×12회	12	D/F/B
17~18	짧은뜨기×12회	12	B/E/I
19~20	짧은뜨기×12회	12	D/F/B
21~22	짧은뜨기×12회	12	B/E/I
23~24	짧은뜨기×12회	12	D/F/B
25	(짧은뜨기×2회, 코 늘리기)×4회	16	
26	(짧은뜨기×3회, 코 늘리기)×4회	20	
27	짧은뜨기×20회	20	
28	(짧은뜨기×3회, 코 줄이기)×4회	16	A/B/C
29	(짧은뜨기×2회, 코 줄이기)×4회	12	
30	코 줄이기×3회	9	
	돗바늘 마무리		

• 솜: 12단까지 뜬 후 솜을 채우고, 24단까지 뜬 후 한 번 더 솜을 채운다.

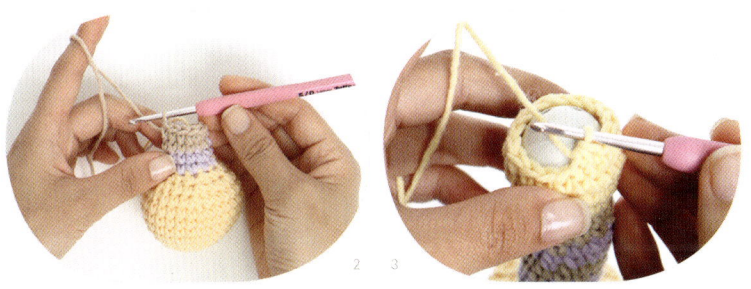

1 도안을 보면서 12단(얼굴 부분)까지 뜬 후 나사눈을 7단과 8단 사이, 5코 간격을 두고 단다.

♥ 얼굴과 몸통 도안은 공통이므로 동물의 색상에 맞게 배색해서 뜬다.

2 얼굴에 솜을 채운다. 이어서 도안대로 두 단에 한 번씩 색상을 바꿔가며 24단까지 뜬 후 겸자를 이용해 솜을 채운다.

♥ 몸통 부분을 배색할 때는 실을 끊지 않고 이어 떠도 된다.

3 28단까지 뜬 후 방울을 넣고 나머지 단을 뜬다.

♥ 방울을 넣지 않을 경우 솜으로 채운다.

토끼 귀(2개)

단수	설명	콧수	색상
1	(원형고리 안에) 짧은뜨기×6회, 빼뜨기	6	
2	(짧은뜨기×2회, 코 늘리기)×2회	8	
3~8	짧은뜨기×8회	8	C
9	(짧은뜨기×2회, 코 줄이기)×2회	6	

• 봉접실: 둘레의 약 3배를 남기고 자른다.

코끼리 코

단수	설명	콧수	색상
1	(원형고리 안에) 짧은뜨기×6회, 빼뜨기	6	
2~4	짧은뜨기×6회	6	
5	(짧은뜨기×1회, 코 늘리기)×3회	9	A
6~8	짧은뜨기×9회	9	

• 봉접실: 둘레의 약 3배를 남기고 자른다.

코끼리 귀(2개)

단수	설명	콧수	색상
1	(원형고리 안에) 짧은뜨기×5회, (반시계 방향으로 돌린 후) 사슬 1개	5	
2	짧은뜨기×2회, 코 늘리기, 짧은뜨기×2회, (반시계 방향으로 돌린 후) 사슬 1개	6	
3	(짧은뜨기×1회, 코 늘리기)×3회, (반시계 방향으로 돌린 후) 사슬 1개	9	A
4	(짧은뜨기×2회, 코 늘리기)×3회, (반시계 방향으로 돌린 후) 사슬 1개	12	
5	(짧은뜨기×5회, 코 늘리기)×2회	14	

• 꿰맬실: 약 15cm 남기고 자른다.

기린 뿔(2개)

단수	설명	콧수	색상
1	(원형고리 안에) 짧은뜨기×5회, 빼뜨기	5	H
2~5	짧은뜨기×5회	5	B

• 봉접실: 둘레의 약 3배를 남기고 자른다.

기린 귀(2개)

단수	설명	콧수	색상
1	(원형고리 안에) 짧은뜨기×6회, 빼뜨기	6	
2	(짧은뜨기×1회, 코 늘리기)×3회	9	B
3~5	짧은뜨기×9회	9	

• 봉접실: 둘레의 약 3배를 남기고 자른다.

- -

기린 입

단수	설명	콧수	색상
1	(원형고리 안에) 짧은뜨기×7회, 빼뜨기	7	G
2	코 늘리기×7회	14	

• 꿰맬실: 약 20cm 남기고 자른다.

- -

4 토끼 귀는 도안을 보고 2개를 뜬 후 얼굴의 원형고리를 사이에 두고 양쪽에 봉접한다.

5 코끼리 코와 귀 2개를 도안을 보고 뜬 후 코는 눈과 눈 사이에 봉접하고, 귀는 얼굴 양옆에 봉접한다.

6 기린 뿔과 귀는 각각 도안을 보고 2개씩 뜬다. 뿔은 얼굴의 원형고리를 사이에 두고 양쪽에 봉접하고, 귀는 뿔의 바로 아랫단에 봉접한다.

7 기린 입은 도안을 보고 뜬 후 눈과 눈 사이에 봉접한다.

8 아래의 그림을 참조하여 자수실로 토끼 입과 기린 코를 수놓는다.

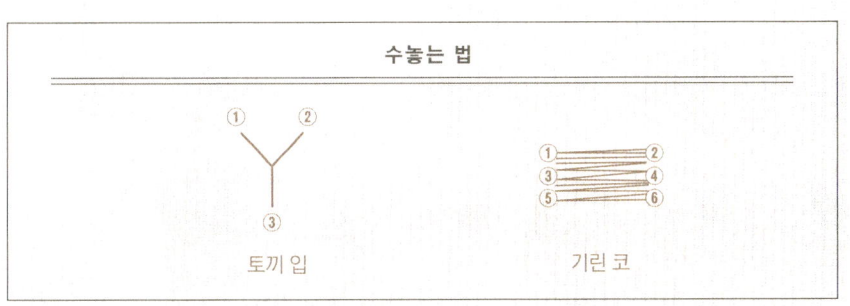

아이들이 좋아하는 토끼랑 강아지랑 곰돌이에요.
'함께 눈을 감고 코~ 해요!'
콘셉트로 나잇나잇 인형을 디자인했습니다.
혼자 자는 걸 싫어하는 아이들 품에
두 눈 꼭 감고 잠든 애착 인형을 살포시 안겨주면 어떨까요?

♥

나잇나잇
애착 인형

코바늘 6호

● 실(코튼 65%+아크릴 35%):
   A(연베이지/50g)
   B(노랑/40g)
   C(연노랑/40g)
   D(피치 핑크/25g)
   E(인디 블루/25g)
   F(멜란지 코코아/25g)

* D, E, F는
  원하는 디자인에 따라
  택일한다.

다리 만들기
01

다리(2개)

☆

주의사항

동물마다 A, B, C
색상은 동일하고
D, E, F단만
색상이 다르다.

단수	설명	콧수	색상
1	(원형고리 안에) 짧은뜨기×6회, 빼뜨기	6	
2	코 늘리기×6회	12	
3	(짧은뜨기×1회, 코 늘리기)×6회	18	A
4	(짧은뜨기×5회, 코 늘리기)×3회	21	
5~10	짧은뜨기×21회	21	
11	짧은뜨기×21회	21	
12	짧은뜨기×21회	21	B
13	짧은뜨기×21회	21	
14	짧은뜨기×21회	21	C
15	짧은뜨기×21회	21	D/E/F
⋮	짧은뜨기×21회 (11~15단까지의 배색을 30단까지 반복)	21	⋮
31	짧은뜨기×21회	21	B

1 도안을 보고 다리 한쪽을 뜬 뒤 실을
   약 10cm 남긴 후 코를 만들어 정리
   한다. 나머지 한쪽도 같은 방법으로
   뜨되, 실은 자르지 않는다.

2

3

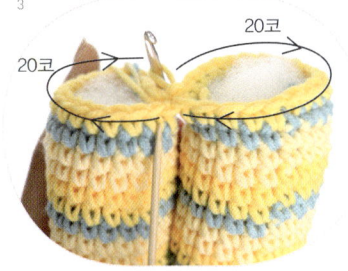

20코   20코

20코

2 다리 2개를 겉면끼리 맞대고 사진에 표시된 시침핀의 2코를 화살표 방향으로 동시에 빼뜨기해서 연결한다. 그다음 코도 동시에 빼뜨기로 연결하여 총 2코를 연결한다.

3 각각 남은 20코를 떠서 총 40코가 되게 만든다. 이때, 시침핀으로 표시된 자리부터 시작한다.

몸통과 얼굴, 팔 만들기

02

몸통과 얼굴

☆

주의사항

연결한 다리에
이어서 몸통에서
얼굴 순서로 뜬다.
색상이 바뀌는
패턴이 2:2:1이므로
B 두 번,
C 두 번,
동물별 색상
한 번을
번갈아가며
뜬다.

단수	설명	콧수	색상
32	다음 2코를 빼뜨기(다리 연결 부분), 각각 짧은뜨기×20회		B
33	짧은뜨기×40회		C
34			
35	짧은뜨기×40회		D/E/F
36	짧은뜨기×40회	40	B
37			
38	짧은뜨기×40회		C
39			
40	짧은뜨기×40회		D/E/F
⋮	⋮	⋮	⋮
55~67	짧은뜨기×40회	40	
68	(짧은뜨기×6회, 코 줄이기)×5회	35	
69	(짧은뜨기×5회, 코 줄이기)×5회	30	
70	(짧은뜨기×4회, 코 줄이기)×5회	25	A
71	(짧은뜨기×3회, 코 줄이기)×5회	20	
72	(짧은뜨기×2회, 코 줄이기)×5회	15	
73	(짧은뜨기×1회, 코 줄이기)×5회	10	
	돗바늘 마무리		

팔(2개)

110

단수	설명	콧수	색상
1	(원형고리 안에) 짧은뜨기×5회, 빼뜨기	5	
2	코 늘리기×5회	10	
3	(짧은뜨기×1회, 코 늘리기)×5회	15	A
4~7		15	
8~9		15	B
10~11		15	C
12		15	D/E/F
13~14		15	B
15~16		15	C
17		15	D/E/F
18~19	짧은뜨기×15회	15	B
20~21		15	C
22		15	D/E/F
23~24		15	B
25~26		15	C
27		15	D/E/F
28~29		15	B
30~31		15	C
32		15	D/E/F

• 봉접실: 둘레의 약 3배를 남기고 자른다.
• 솜: 솜은 2/3만 채운다. 윗부분까지 가득 채우면 팔이 아래로 처지지 못한다.

4 다리가 연결되면 도안을 보고 몸통에서 얼굴 순서로 뜬다.

5 몸통이 끝나는 단과 같은 색상의 실을 목둘레의 2배 반 길이로 자른다.

6 사진처럼 목 뒤부터 반 코씩 통과시켜 둘레를 한 바퀴 돈 후 양 끝을 당겨서 묶는다. 남은 실을 몸통 안으로 넣어서 숨기면 목선이 완성된다.

7 도안을 보고 팔을 뜬 후 몸통 양옆 53단과 54단 사이에 납작하게 봉접한다.

토끼 귀(2개)

단수	설명	콧수	색상
1	(원형고리 안에) 짧은뜨기×5회, 빼뜨기	5	D
2	코 늘리기×5회	10	
3	짧은뜨기×10회	10	
4	(짧은뜨기×1회, 코 늘리기)×5회	15	A
5~13	짧은뜨기×15회	15	

· 봉접실: 귀를 반으로 접어서 3코를 앞뒤로 동시에 빼뜨기로 봉접한 후
15cm를 남기고 자른다(**9**의 과정 사진 참조).

곰돌이 귀(2개)

단수	설명	콧수	색상
1	(원형고리 안에) 짧은뜨기×6회, 빼뜨기	6	F
2	코 늘리기×6회	12	
3~4	짧은뜨기×12회	12	A
5	(짧은뜨기×3회, 코 늘리기)×3회	15	

· 봉접실: 둘레의 약 3배를 남기고 자른다.

강아지 귀(2개)

단수	설명	콧수	색상
1	(원형고리 안에) 짧은뜨기×6회, 빼뜨기	6	
2	코 늘리기×6회	12	E
3	(짧은뜨기×2회, 코 늘리기)×4회	16	
4	짧은뜨기×16회	16	
5~11	짧은뜨기×16회	16	
12	(짧은뜨기×2회, 코 줄이기)×4회	12	A
13	짧은뜨기×12회	12	
14	(짧은뜨기×2회, 코 줄이기)×3회	9	

• 봉접실: 둘레의 약 3배를 남기고 자른다.

8 모든 귀는 솜을 채우지 않고 봉접한다. 토끼와 곰돌이는 얼굴의 두 번째 단에, 강아지는 여섯 번째 단에 납작하게 봉접한다.

9 토끼 귀의 경우, 실을 가운데에 둔 상태에서 반으로 접은 뒤 동시에 3코를 빼뜨기해서 연결한 후 약 15cm 남기고 자른다. 이 실로 머리에 봉접한다.

10 사진을 보면서 얼굴에 코→입→눈 →속눈썹 순서로 잠자는 표정을 수 놓는다.

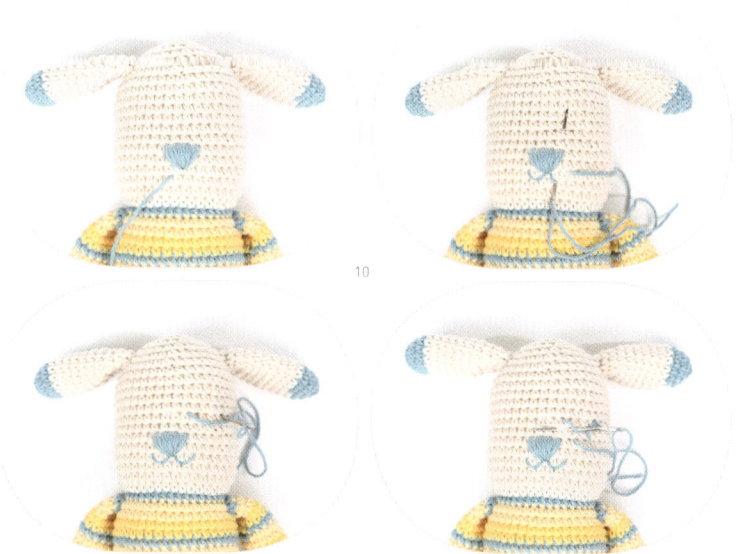

랑물 딱딱한 플라스틱이나 나무가 아닌 솜실로 만들어주면 아이들이 다치지 않고
재미있게 던지기 놀이를 할 수 있겠죠? 말랑말랑하면서도 부드러운 촉감놀이도 할 수 있고요.
랑물 인형 몸통에 끼웠다 뺐다 반복하여 두뇌를 자극하기도 하고
당아당기면서 팔 운동도 할 수 있어요.
인형만 따로 빼서 애착 인형으로 사용할 수 있다는 것도 기억해주세요~!

♥

테디 & 바니
링 던지기

코바늘 5호
나사눈 14mm 각 1쌍
● 실(코튼 65%+아크릴 35%):
- 〈토끼〉
  A(흰색/40g)
  B(연베이지/45g)
  C(피치 핑크/40g)
  D(베이지/30g)
  E(빈티지 그린/30g)
  F(연노랑/30g)
  G(보라/30g)
  H(노랑/30g)

- 〈곰〉
  I(연베이지/40g)
  J(멜란지 코코아/45g)
  K(청색/10g)
  L(인디 퍼플/30g)
  M(연노랑/30g)
  N(진보라/30g)
  O(베이지/30g)
  P(빈티지 블루/30g)

인형 만들기
01

얼굴과 몸통

☆

주의사항

얼굴에서
몸통 순서로 뜨되,
솜을 채워가며
뜬다.

단수	설명	콧수	색상
1	(원형고리 안에) 짧은뜨기×6회, 빼뜨기	6	
2	코 늘리기×6회	12	
3	(짧은뜨기×1회, 코 늘리기)×6회	18	
4	짧은뜨기×1회, 코 늘리기, (짧은뜨기×2회, 코 늘리기)×5회, 짧은뜨기×1회	24	A/I
5	(짧은뜨기×3회, 코 늘리기)×6회	30	
6	짧은뜨기×2회, 코 늘리기, (짧은뜨기×4회, 코 늘리기)×5회, 짧은뜨기×2회	36	
7	(짧은뜨기×5회, 코 늘리기)×6회	42	
8	짧은뜨기×3회, 코 늘리기, (짧은뜨기×6회, 코 늘리기)×5회, 짧은뜨기×3회	48	

9	(짧은뜨기×7회, 코 늘리기)×6회	54	
10	짧은뜨기×4회, 코 늘리기, (짧은뜨기×8회, 코 늘리기)×5회, 짧은뜨기×4회	60	
11	(짧은뜨기×14회, 코 늘리기)×4회	64	
12~19	짧은뜨기×64회	64	
	나사눈 달기		
20	(짧은뜨기×14회, 코 줄이기)×4회	60	
21	짧은뜨기×4회, 코 줄이기, (짧은뜨기×8회, 코 줄이기)×5회, 짧은뜨기×4회	54	
22	(짧은뜨기×7회, 코 줄이기)×6회	48	A/I
23	짧은뜨기×3회, 코 줄이기, (짧은뜨기×6회, 코 줄이기)×5회, 짧은뜨기×3회	42	
24	(짧은뜨기×5회, 코 줄이기)×6회	36	
25	(짧은뜨기×7회, 코 줄이기)×4회	32	
	얼굴에 솜 채우기		
26	(짧은뜨기×6회, 코 줄이기)×4회	28	
27~28	짧은뜨기×28회	28	
29	(짧은뜨기×13회, 코 늘리기)×2회	30	
30~31	짧은뜨기×30회	30	
32	(짧은뜨기×14회, 코 늘리기)×2회	32	
33~34	짧은뜨기×32회	32	
35	(짧은뜨기×7회, 코 늘리기)×4회	36	
36~38	짧은뜨기×36회	36	
39	(짧은뜨기×8회, 코 늘리기)×4회	40	
40~42	짧은뜨기×40회	40	
43	(짧은뜨기×9회, 코 늘리기)×4회	44	
44~46	짧은뜨기×44회	44	
47	(짧은뜨기×10회, 코 늘리기)×4회	48	
48~49	짧은뜨기×48회	48	
50	(짧은뜨기×11회, 코 늘리기)×4회	52	
51~52	짧은뜨기×52회	52	B/J
53	(짧은뜨기×12회, 코 늘리기)×4회	56	
54~55	짧은뜨기×56회	56	
56	(짧은뜨기×13회, 코 늘리기)×4회	60	
57~58	짧은뜨기×60회	60	
59	(짧은뜨기×14회, 코 늘리기)×4회	64	
60	짧은뜨기×64회	64	
61	(짧은뜨기×15회, 코 늘리기)×4회	68	
62	짧은뜨기×68회	68	
63	(짧은뜨기×16회, 코 늘리기)×4회	72	

• 실: 약 10cm 남기고 자른 후 정리한다.

1. 인형은 도안을 보고 얼굴에서 몸통 순서로 솜을 채워가며 뜬 후 나사눈을 15~16단 사이, 10코 간격을 두고 단다.

♥ 몸통을 뜰 때는 솜 무게 때문에 땀이 작게 떠질 수 있으니 주의한다.

2. 몸통은 솜이 충분히 들어가야 인형에 힘이 실려 혼자 설 수 있기 때문에 빵빵하게 채운다. 솜의 양은 인형의 부피가 다 채워질 때까지 넣은 후 그 상태에서 좀 더 채워준다.

♥ 단, 땀이 벌어질 때까지 채우면 안 된다.

인형 받침

단수	설명	콧수	색상
1	(원형고리 안에) 짧은뜨기×8회, 빼뜨기	8	
2	코 늘리기×8회	16	
3	(짧은뜨기×1회, 코 늘리기)×8회	24	
4	짧은뜨기×1회, 코 늘리기, (짧은뜨기×2회, 코 늘리기)×7회, 짧은뜨기×1회	32	
5	(짧은뜨기×3회, 코 늘리기)×8회	40	B/J
6	짧은뜨기×2회, 코 늘리기, (짧은뜨기×4회, 코 늘리기)×7회, 짧은뜨기×2회	48	
7	(짧은뜨기×5회, 코 늘리기)×8회	56	
8	짧은뜨기×3회, 코 늘리기, (짧은뜨기×6회, 코 늘리기)×7회, 짧은뜨기×3회	64	
9	(짧은뜨기×7회, 코 늘리기)×8회	72	

• 봉접실: 실을 끊지 않고 이어서 몸통에 빼뜨기로 연결한다.

- -

3. 도안을 보고 인형 받침을 뜬 후 몸통에 빼뜨기로 연결한다. 바늘을 받침은 뒤 반 코만, 몸통은 한 코씩 넣은 후 동시에 빼뜨기를 해서 연결한다.

바니 귀(2개)

단수	설명	콧수	색상
1	(원형고리 안에) 짧은뜨기×6회, 빼뜨기	6	
2	코 늘리기×6회	12	C
3	(짧은뜨기×1회, 코 늘리기)×6회	18	
4~5	짧은뜨기×18회	18	
6	(짧은뜨기×5회, 코 늘리기)×3회	21	
7~9	짧은뜨기×21회	21	
10	(짧은뜨기×5회, 코 줄이기)×3회	18	A
11~12	짧은뜨기×10회	10	
13	(짧은뜨기×4회, 코 줄이기)×3회	15	
14~16	짧은뜨기×15회	15	

• 봉잡실: 둘레의 약 3배를 남기고 자른다.
• 귀를 반으로 접어서 3코를 앞뒤로 동시에 빼뜨기로 연결한 후
머리의 원형고리를 중심으로 두 번째 단에 맞춰서 꿰맨다(113쪽 **9**의 사진 참조).

테디 귀(2개)

단수	설명	콧수	색상
1	(원형고리 안에) 짧은뜨기×6회, 빼뜨기	6	
2	코 늘리기×6회	12	J
3	(짧은뜨기×5회, 코 늘리기)×2회	14	
4	짧은뜨기×14회	14	
5	(짧은뜨기×6회, 코 늘리기)×2회	16	I
6	짧은뜨기×16회	16	

• 봉접실: 둘레의 약 3배를 남기고 자른다.

리본

단수	설명	콧수	색상
	(기둥코 포함) 사슬 40개	40	
1	(세 번째 사슬부터) 긴뜨기×38회	38	C/K
2~4	(반시계 방향으로 돌린 후 기둥코) 사슬 2개, 긴뜨기×38회	38	

• 봉접실: 약 90cm 남기고 자른다.

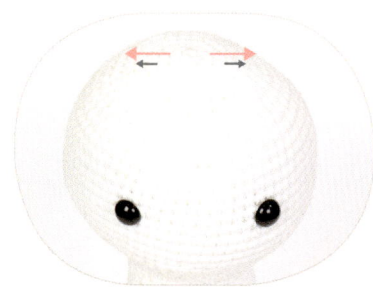

4 도안을 보고 바니와 테디 귀를 2개씩 뜬다. 사진과 같이 바니 귀는 두 번째 단에(핑크색 화살표), 테디 귀는 세 번째 단에(회색 화살표) 맞춰서 양쪽에 봉접한다.

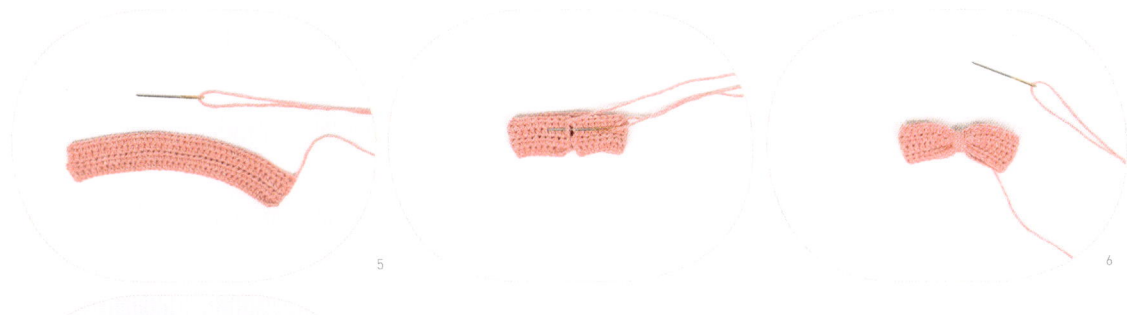

5 도안을 보고 리본을 뜬 후 양쪽 끝을 맞대고 감침질로 연결한다.

6 5의 가운데를 실로 돌돌 감아서 리본 모양을 만든 다음 바니와 테디 목에 각각 꿰매서 달아준다.

7 실을 2줄만 갈라서 바늘에 꿴 다음 사진과 같이 플라이 스티치로 토끼는 Y자(30쪽 참조), 곰은 T자로 입을 수놓는다.

링 만들기 03

단수	설명	콧수	색상
	사슬 15개, (첫 번째 사슬에) 빼뜨기	15	• 바니(6개): C, D, E, F, G, H
1	사슬 1개(기둥코), (빼뜨기한 자리부터) 짧은뜨기×15회	15	
2~81	(단마다 빼뜨기와 기둥코 없이 이어서) 짧은뜨기×15회	15	• 테디(5개): L, M, N, O, P

• 봉접실: 둘레의 약 3배를 남기고 자른다.
• 솜: 겸자를 이용해서 솜을 채워가며 뜬다.

8 링은 사슬 15개를 만든 후 첫 번째 사슬에 빼뜨기를 해서 원통 모양을 완성해주고 이어서 도안을 보며 짧은뜨기를 뜬다(27쪽 참조).

♥ 겸자를 이용해서 솜을 채워가며 뜬다.

9 8의 양쪽 끝을 맞대고 봉접해서 링을 완성한다.

MEMO

남냠이

우유병 커버

우리 아이가 쭈쭈를 먹을 동안 산만하지 않게,
안정적으로 집중할 수 있게 디자인한 우유병 커버입니다.
우유병 끝에서 당근을 먹고 있는 토끼와 함께
즐거운 냠냠이 시간을 보낼 수 있게 해주세요!

♥

준비 재료

컬러 차트

(우유병 240ml 기준)

코바늘 4호

단추눈 5mm 각 1쌍

● 실(코튼 50%+아크릴 40%+레이온 10%):
  A(핑크/30g)
  B(연노랑/30g)
  C(하늘/30g)
  D(흰색/10g)
  E(주황/약간)
  F(초록/약간)

● 자수실:
  핑크색 약간

* A, B, C는
  원하는 색상에 따라
  택일한다.

우유병 몸통 만들기 01

단수	설명	콧수	색상
1	(원형고리 안에) 짧은뜨기×8회, 빼뜨기	8	
2	코 늘리기×8회	16	
3	(짧은뜨기×1회, 코 늘리기)×8회	24	
4	짧은뜨기×1회, 코 늘리기, (짧은뜨기×2회, 코 늘리기)×7회, 짧은뜨기×1회	32	
5	(짧은뜨기×3회, 코 늘리기)×8회	40	A/B/C
6	짧은뜨기×2회, 코 늘리기, (짧은뜨기×4회, 코 늘리기)×7회, 짧은뜨기×2회	48	
7	(짧은뜨기×11회, 코 늘리기)×4회	52	
8	짧은뜨기 뒤걸어뜨기×52회	52	
9~32	짧은뜨기×52회	52	
33	빼뜨기×52회	52	

• 마지막 빼뜨기 후 '코 만들어 정리하기'(28쪽 참조)를 한다.

1 우유병 몸통을 뜰 때 8단만 짧은뜨기 뒤걸어뜨기로 뜬 후 9단부터는 원래대로 짧은뜨기를 뜬다.

토끼 만들기 02

얼굴

단수	설명	콧수	색상
1	(원형고리 안에) 짧은뜨기×6회, 빼뜨기	6	
2	코 늘리기×6회	12	
3	(짧은뜨기×1회, 코 늘리기)×6회	18	
4	짧은뜨기×1회, 코 늘리기, (짧은뜨기×2회, 코 늘리기)×5회, 짧은뜨기×1회	24	
5	(짧은뜨기×3회, 코 늘리기)×6회	30	
6~9	짧은뜨기×30회	30	D
10	(짧은뜨기×3회, 코 줄이기)×6회	24	
11	짧은뜨기×1회, 코 줄이기, (짧은뜨기×2회, 코 줄이기)×5회, 짧은뜨기×1회	18	
12	(짧은뜨기×1회, 코 줄이기)×6회	12	
13	코 줄이기×4회	8	
	돗바늘 마무리		

• 꿰맬실: 약 30cm 남기고 자른다.
• 솜: 12단을 뜬 후 솜을 채운다.

귀(2개)

단수	설명	콧수	색상
	(기둥코 포함) 사슬 10개	9	
1	빼뜨기×2회, 짧은뜨기×2회, 긴뜨기×2회, 한길긴뜨기×2회, (마지막 사슬에) 한길긴뜨기×5회, (반대편 사슬 반 코에 이어서) 한길긴뜨기×2회, 긴뜨기×2회, 짧은뜨기×2회, 빼뜨기×2회	21	D

• 꿰맬실: 약 15cm 남기고 자른다.

팔(2개)

단수	설명	콧수	색상
1	(원형고리 안에) 짧은뜨기×6회, 빼뜨기	6	
2	(짧은뜨기×1회, 코 늘리기)×3회	9	
3~4	짧은뜨기×9회	9	D
5	(짧은뜨기×1회, 코 줄이기)×3회	6	
6~8	짧은뜨기×6회	6	

• 봉접실: 약 15cm 남기고 자른다.

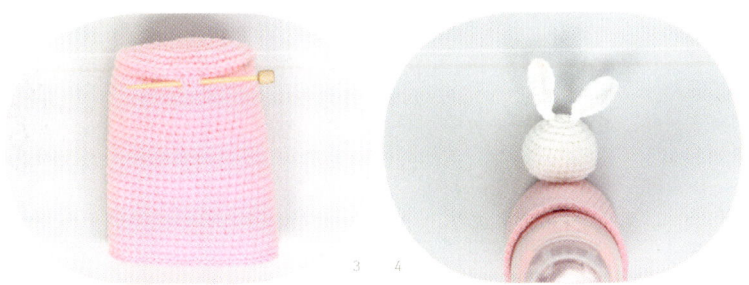

2 도안을 보고 토끼 얼굴, 귀, 팔을 뜬 후 봉접실 및 꿰맬실을 기재된 길이만큼 남긴다.

♥ 팔에는 솜을 채우지 않아도 된다.

3 토끼 얼굴은 사진과 같이 몸통의 시침핀 위치에 맞춰서 꿰맨다.

4 귀는 머리의 원형고리 부분을 중심으로 양쪽에 꿰맨다.

5 단추눈은 7단과 8단 사이, 5코 간격을 두고 단다. 입은 자수실을 이용해 플라이 스티치(30쪽 참조)로 수놓는다.

6 팔은 얼굴에서 한 코 건너뛰고 몸통 양옆에 납작하게 봉접한다.

당근 만들기 03

당근

☆	단수	설명	콧수	색상
주의사항	1	(원형고리 안에) 짧은뜨기×5회, 빼뜨기	5	
솜은 채우지	2~3	짧은뜨기×5회	5	E
않는다.	4	(짧은뜨기×1회, 코 늘리기)×2회, 짧은뜨기×1회	7	
		돗바늘 마무리		

• 꿰맬실: 약 15cm 남기고 자른다.

당근 잎

설명	색상
실을 5cm 길이로 잘라서 1줄 준비한다.	F

7 도안을 보고 당근을 뜬다.

8 초록 실(색상F)을 반으로 접은 다음 코바늘로 사진처럼 당근 몸통 땀에 걸어준다. 실 2줄을 고리 사이로 통과시켜 고정한다.

9 완성된 당근을 토끼의 한쪽 팔에 꿰맨다.

MEMO

아이들이 촉감놀이를 즐기게 할 수 있을 뿐 아니라 과일 이름과 색상을 배우는 데도
좋은 손뜨개 과일 바구니 세트입니다. 다양한 색상의 과일들을 떠서
그 위에 과일 향을 살짝 뿌려주면 후각놀이에도 도움이 돼요.
즐겁게 놀고 난 뒤 과일들을 바구니에 담게 하면 정리하는 습관도 익힐 수 있답니다.

새콤달콤

과일 장난감과 바구니

〈과일 장난감〉

코바늘 4호

● 실(코튼 50%+아크릴 40%+레이온 10%):
　A(빨강/35g)
　B(오렌지/20g)
　C(빈티지 그린/20g)
　D(밤색/20g)
　E(아이보리/20g)
　F(노랑/20g)
　G(보라/35g)
　H(흰색/15g)
　I(초록/40g)
　J(진핑크/25g)
　K(진초록/약간)
　L(검정/약간): 수박씨

〈과일 바구니〉

코바늘 8호

● 실(아크릴 100%):
　D(밤색/130g)
　M(베이지/35g)

사과 · 오렌지 · 체리
만들기
01

사과 · 오렌지 몸통

단수	설명	콧수	색상
1	(원형고리 안에) 짧은뜨기×6회, 빼뜨기	6	
2	코 늘리기×6회	12	
3	(짧은뜨기×1회, 코 늘리기)×6회	18	
4	짧은뜨기×1회, 코 늘리기, (짧은뜨기×2회, 코 늘리기)×5회, 짧은뜨기×1회	24	A/B/C
5	(짧은뜨기×3회, 코 늘리기)×6회	30	
6	짧은뜨기×2회, 코 늘리기, (짧은뜨기×4회, 코 늘리기)×5회, 짧은뜨기×2회	36	
7	(짧은뜨기×5회, 코 늘리기)×6회	42	

8	짧은뜨기×3회, 코 늘리기, (짧은뜨기×6회, 코 늘리기)×5회, 짧은뜨기×3회	48	
9~14	짧은뜨기×48회	48	
15	짧은뜨기×3회, 코 줄이기, (짧은뜨기×6회, 코 줄이기)×5회, 짧은뜨기×3회	42	
16	(짧은뜨기×5회, 코 줄이기)×6회	36	
17	짧은뜨기×2회, 코 줄이기, (짧은뜨기×4회, 코 줄이기)×5회, 짧은뜨기×2회	30	A/B/C
18	(짧은뜨기×3회, 코 줄이기)×6회	24	
19	짧은뜨기×1회, 코 줄이기, (짧은뜨기×2회, 코 줄이기)×5회, 짧은뜨기×1회	18	
20	(짧은뜨기×1회, 코 줄이기)×6회	12	
21	코 줄이기×4회	8	
돗바늘 마무리			

- 실: 사과만 돗바늘 마무리 후 30cm 남기고 자른다.
- 솜: 19단에서 솜을 채운 후 21단까지 뜬 다음 겸자를 이용해 빈 공간을 마저 채운다.

사과 · 오렌지 꼭지(3개)

단수	설명	콧수	색상
1	(원형고리 안에) 짧은뜨기×5회, 빼뜨기	5	D
2~4	짧은뜨기×5회	5	

- 봉제실: 약 15cm 남기고 자른다.

사과 · 오렌지 · 체리 잎(사과는 각 1개, 오렌지 · 체리는 2개씩)

☆

주의사항

처음 사슬을 뜰 때
꿰맬실을 약 15cm
남겨두고
시작한다.

설명	콧수	색상
(기둥코 포함) 사슬 10개		
(두 번째 사슬부터) 빼뜨기, 짧은뜨기, 긴뜨기, 한길긴뜨기, 한길긴뜨기로 코 늘리기, 한길긴뜨기, 긴뜨기, 짧은뜨기, 빼뜨기	20	I/K
(사슬 빈대편에) 빼뜨기, 짧은뜨기, 긴뜨기, 한길긴뜨기, 한길긴뜨기로 코 늘리기, 한길긴뜨기, 긴뜨기, 짧은뜨기, 빼뜨기		

- 실: 약 10cm 남기고 자른 뒤 '코 만들어 정리하기'(28쪽 참조)를 한다.

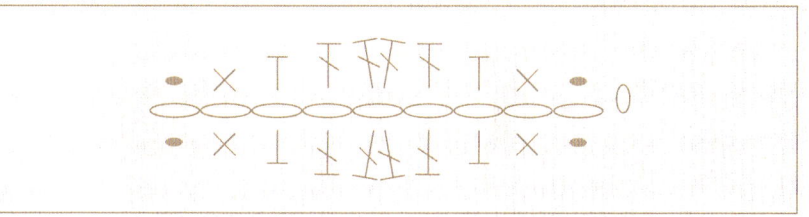

체리 몸통(2개)

단수	설명	콧수	색상
1	(원형고리 안에) 짧은뜨기×6회, 빼뜨기	6	
2	코 늘리기×6회	12	
3	(짧은뜨기×1회, 코 늘리기)×6회	18	
4~5	짧은뜨기×18회	18	A
6	(짧은뜨기×1회, 코 줄이기)×6회	12	
7	코 줄이기×4회	8	
	돗바늘 마무리		

체리 줄기

설명	색상
(체리 몸통의 돗바늘 마무리한 위치에 실을 연결한 후 이어서) 사슬 10개, (첫 번째 사슬에) 빼뜨기 후 사슬 9개	D
(나머지 체리 몸통의 돗바늘 마무리한 위치에) 빼뜨기로 연결	

1 도안을 보고 사과와 오렌지의 몸통, 꼭지, 잎을 각각 뜬다.

♥ 잎은 과정 **4~5**를 참조하여 뜬다.

2 사과 몸통은 도안대로 돗바늘 마무리를 한 후 실을 30cm 남겨 바늘에 꿴 다음 몸통 정가운데로 통과시킨다. 반대편으로 빼낸 실을 당겨주면 가운데 부분이 쏙 들어가며 모양이 잡힌다.

3 2에서 다시 바늘을 원래 위치로 통과시킨 후 잡아당기면 위아래가 쏙 들어가면서 사과 모양이 완성된다. 나온 구멍 그대로 들어가면 실이 빠지기 때문에 살짝 옆으로 찔러준다.

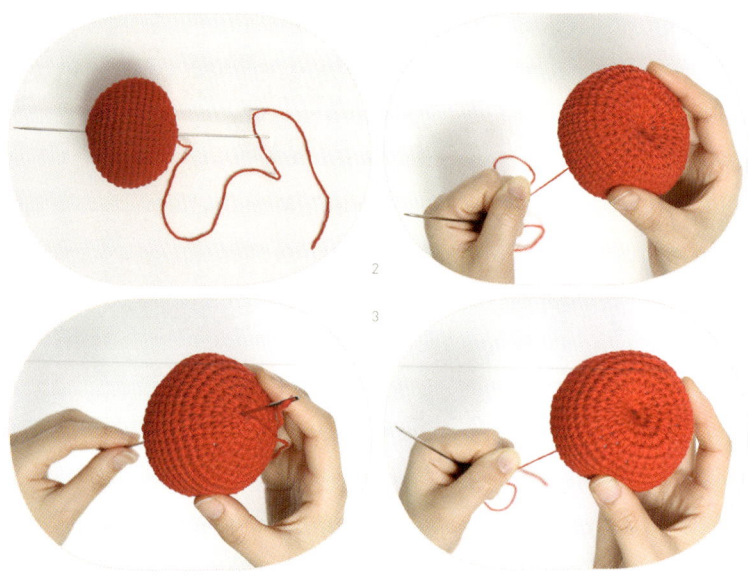

4 잎은 꿰맬실을 약 15cm 남기고 기둥코 사슬 1개를 포함해서 총 10개를 뜬다. 두 번째 사슬부터 도안대로 차례로 뜨는데, 이때 '한길긴뜨기로 코 늘리기'는 한 코에 한길긴뜨기를 2개씩 떠서 늘려준다.

5 잎사귀 한쪽을 다 뜬 후에는 반대편 반 코에도 이어서 뜬다.

6 사과와 오렌지 몸통에 각각 꼭지와 잎을 한가운데에 꿰맨다. 이때 사과 잎은 꼭지 아래에 1개만 달고, 오렌지 잎은 꼭지에 2개를 위아래로 엇갈리게 꿰맨다.

7 도안을 보고 체리 몸통을 2개 뜬다. 체리 줄기는 한쪽 몸통에 실을 연결해서 사슬을 만든 후 다른 한쪽에 빼뜨기로 마무리해서 몸통 2개를 연결한다.

8 체리 몸통과 줄기가 연결되면 줄기 한가운데에 잎 2개를 꿰맨다.

바나나 · 수박 · 포도
만들기
02

바나나 속

단수	설명	콧수	색상
1	(원형고리 안에) 짧은뜨기×6회, 빼뜨기	6	
2	코 늘리기×6회	12	
3	(짧은뜨기×1회, 코 늘리기)×6회	18	
4	(짧은뜨기×2회, 코 늘리기)×6회	24	
5~31	짧은뜨기×24회	24	E
32	(짧은뜨기×2회, 코 줄이기)×6회	18	
33	(짧은뜨기×1회, 코 줄이기)×6회	12	
34	코 줄이기×4회	8	
	돗바늘 마무리		

• 솜: 겸자를 이용해 통통하게 채운다.

바나나 껍질A

단수	설명	콧수	색상
1	(원형고리 안에) 짧은뜨기×6회, 빼뜨기	6	
2	코 늘리기×6회	12	
3	(짧은뜨기×1회, 코 늘리기)×6회	18	
4	(짧은뜨기×2회, 코 늘리기)×6회	24	F
5	(짧은뜨기×7회, 코 늘리기)×3회	27	
6~22	짧은뜨기×27회	27	

• 실: 22단까지 뜬 후 실을 끊지 않고 바나나 껍질B를 이어 뜬다.

바나나 껍질B(3개)

단수	설명	콧수	색상
1	짧은뜨기×9회, (반시계 방향으로 돌리기)	9	
2	(기둥코 없이 두 번째 코부터) 짧은뜨기×8회, (반시계 방향으로 돌리기)	8	
3	(사슬 1개, 첫 번째 코부터) 짧은뜨기×8회, (반시계 방향으로 돌리기)	8	
4	(기둥코 없이 두 번째 코부터) 짧은뜨기×7회, (반시계 방향으로 돌리기)	7	
5	(사슬 1개, 첫 번째 코부터) 짧은뜨기×7회, (반시계 방향으로 돌리기)	7	
6	(기둥코 없이 두 번째 코부터) 짧은뜨기×6회, (반시계 방향으로 돌리기)	6	
7	(사슬 1개, 첫 번째 코부터) 짧은뜨기×6회, (반시계 방향으로 돌리기)	6	
8	(기둥코 없이 두 번째 코부터) 짧은뜨기×5회, (반시계 방향으로 돌리기)	5	
9	(사슬 1개, 첫 번째 코부터) 짧은뜨기×5회, (반시계 방향으로 돌리기)	5	F
10	(기둥코 없이 두 번째 코부터) 짧은뜨기×4회, (반시계 방향으로 돌리기)	4	
11	(사슬 1개, 첫 번째 코부터) 짧은뜨기×4회, (반시계 방향으로 돌리기)	4	
12	(기둥코 없이 두 번째 코부터) 짧은뜨기×3회, (반시계 방향으로 돌리기)	3	
13	(사슬 1개, 첫 번째 코부터) 짧은뜨기×3회, (반시계 방향으로 돌리기)	3	
14	(기둥코 없이 두 번째 코부터) 짧은뜨기×2회, (반시계 방향으로 돌리기)	2	
15	(사슬 1개, 첫 번째 코부터) 짧은뜨기×2회, (반시계 방향으로 돌리기)	2	
16	(사슬 1개) 코 줄이기 후 실 정리	1	

• 실: 같은 방법으로 나머지 실을 바나나 껍질A에 새로 연결해서 껍질B를 2개 더 만든다.

통 바나나

단수	설명	콧수	색상
1	(원형고리 안에) 짧은뜨기×6회, 빼뜨기	6	D
2	코 늘리기×6회	12	
3	(짧은뜨기×1회, 코 늘리기)×6회	18	
4	(짧은뜨기×2회, 코 늘리기)×6회	24	F
5~31	짧은뜨기×24회	24	
32	(짧은뜨기×2회, 코 줄이기)×6회	18	
33	(짧은뜨기×1회, 코 줄이기)×6회	12	
34	코 줄이기×6회	6	
35~36	짧은뜨기×6회	6	D
돗바늘 마무리			

• 솜: 겸자를 이용해 통통하게 채운다.

수박

☆

주의사항

기둥코 사슬 2개는
한길긴뜨기
1개로
계산한다.

단수	설명	콧수	색상
1	(원형고리 안에 기둥코) 사슬 2개, 한길긴뜨기×11회	12	
2	(기둥코) 사슬 2개, 한길긴뜨기로 코 늘리기×11회, (기둥코 자리에) 한길긴뜨기×1회	24	
3	(기둥코) 사슬 2개, (한길긴뜨기×1회, 코 늘리기)×11회, 한길긴뜨기×1회, (기둥코 자리에) 한길긴뜨기×1회	36	
4	(기둥코) 사슬 2개, (한길긴뜨기×2회, 코 늘리기)×11회, 한길긴뜨기×2회, (기둥코 자리에) 한길긴뜨기×1회	48	
5	(기둥코) 사슬 2개, (한길긴뜨기×3회, 코 늘리기)×11회, 한길긴뜨기×3회, (기둥코 자리에) 한길긴뜨기×1회	60	J
6	(기둥코) 사슬 2개, (한길긴뜨기×4회, 코 늘리기)×11회, 한길긴뜨기×4회, (기둥코 자리에) 한길긴뜨기×1회	72	
7	(기둥코) 사슬 2개, (한길긴뜨기×5회, 코 늘리기)×11회, 한길긴뜨기×5회, (기둥코 자리에) 한길긴뜨기×1회	84	
8	(기둥코) 사슬 2개, (한길긴뜨기×6회, 코 늘리기)×11회, 한길긴뜨기×6회, (기둥코 자리에) 한길긴뜨기×1회	96	
9	(기둥코) 사슬 2개, (한길긴뜨기×7회, 코 늘리기)×11회, 한길긴뜨기×7회, (기둥코 자리에) 한길긴뜨기×1회	108	
10	(기둥코) 사슬 2개, (한길긴뜨기×8회, 코 늘리기)×11회, 한길긴뜨기×8회, (기둥코 자리에) 한길긴뜨기×1회	120	H
11	(기둥코) 사슬 2개, (한길긴뜨기×9회, 코 늘리기)×11회, 한길긴뜨기×9회, (기둥코 자리에) 한길긴뜨기×1회	132	I/K

• 솜: 수박을 반으로 접어서 모양을 만든 후 마감 전에 솜을 말캉말캉하게 채운다.

포도알(15개)

단수	설명	콧수	색상
1	(원형고리 안에) 짧은뜨기×5회, 빼뜨기	5	
2	코 늘리기×5회	10	
3	(짧은뜨기×1회, 코 늘리기)×5회	15	
4~5	짧은뜨기×15회	15	G
6	(짧은뜨기×1회, 코 줄이기)×5회	10	
7	코 줄이기×3회	7	
	돗바늘 마무리		

• 꿰맬실: 약 15cm 남기고 자른다.

포도 줄기(1개)

단수	설명	콧수	색상
1	(원형고리 안에) 짧은뜨기×4회, 빼뜨기	4	K
4~5	약 7cm가 될 때까지 뜬 후 돗바늘 마무리	4	

• 봉접실: 약 15cm 남기고 자른다.

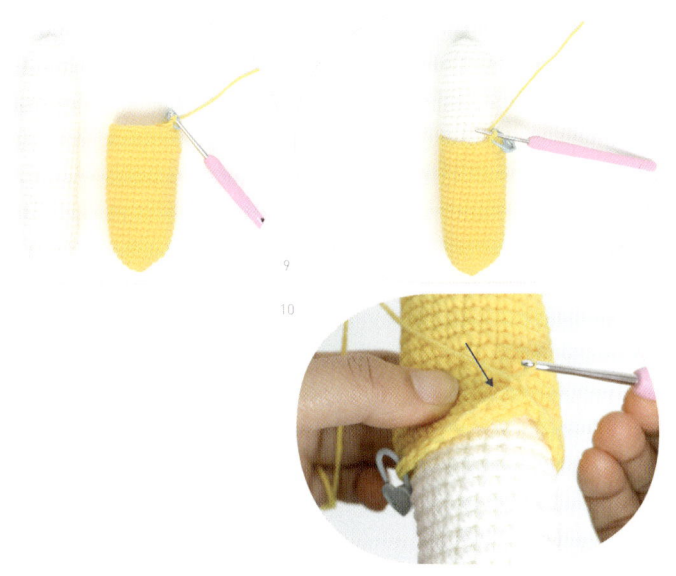

9 바나나 속을 도안대로 뜬다. 바나나 껍질은 A를 완성한 후 바나나 속을 끼워 넣고 B를 이어 뜨는데, A가 끝난 지점부터 짧은뜨기를 9회 뜬다.

10 반시계 방향으로 돌린 다음 기둥코 없이 두 번째 코부터 짧은뜨기를 8회 뜬다.

11 다시 반시계 방향으로 돌린 다음 이번에는 기둥코 사슬 1개를 만든 후 첫 번째 코(시침핀이 표시된 자리)부터 짧은뜨기를 8회 뜬다.

12 반시계 방향으로 돌려가면서 같은 방법으로 1코 남을 때까지 줄여서 모양을 만들어준다.

13 같은 방법으로 나머지 껍질을 뜬다. 실을 새로 걸 땐 첫 번째 코에 바늘을 넣고 끌고 나와 기둥코 사슬 1개를 뜬 다음 같은 자리에 짧은뜨기를 떠서 시작한다.

14 통 바나나는 도안대로 떠서 완성한다.

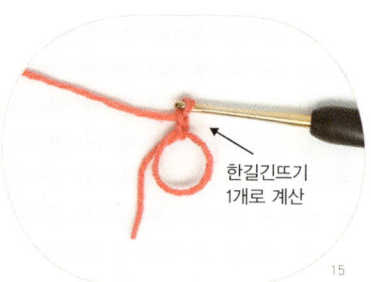

15 수박을 뜰 때는 단마다 기둥코를 한길긴뜨기 1개로 계산한다.

16 매 단마다 기둥코 왼쪽 옆의 코가 첫 번째 코이고 기둥코 있는 코가 마지막 코이기 때문에 마지막 늘리기를 할 때는 기둥코가 있는 자리에 한 번만 더 떠서 늘리기를 완성한다.

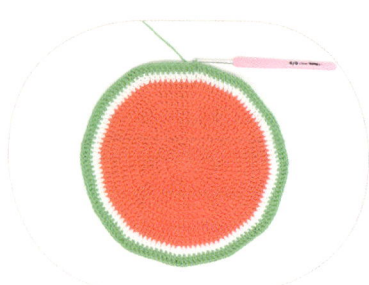  

17 수박을 다 뜬 후 반으로 접은 다음 앞뒤 코에 바늘을 한 번에 넣어서 모든 코를 빼뜨기로 연결한다. 이때, 솜을 넣을 수 있게 9cm 정도 연결하지 않고 남겨둔다.

18 **17**에 검정색 실로 사진과 같이 수박씨 모양을 만든 다음 솜을 채우고 나머지 부분을 빼뜨기로 마무리한다.

♥ 솜은 빵빵하게 넣지 말고 납작한 모양이 나올 수 있도록 말캉말캉하게 채운다.

♥ 솜을 채우기 전에 수박씨를 만들어주면 솜이 딸려나오지 않아 깔끔하게 완성된다.

19 도안을 보고 포도알 15개와 포도 줄기를 뜬다. 포도알을 포도 줄기에 꿰맨다.

20 포도 줄기에 빈틈없이 꿰맨 후 포도송이를 그 위에 몇 개씩 더 꿰매주면 풍성한 느낌이 난다.

19

20

과일 바구니 만들기 03

과일 바구니

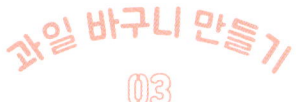

☆

주의사항

코바늘 8호를 사용한다. 실 2줄로 뜬다.

단수	설명	콧수	색상
1	(원형고리 안에) 짧은뜨기×8회, 빼뜨기	8	
2	코 늘리기×8회	16	
3	(짧은뜨기×1회, 코 늘리기)×8회	24	
4	짧은뜨기×1회, 코 늘리기, (짧은뜨기×2회, 코 늘리기)×7회, 짧은뜨기×1회	32	
5	(짧은뜨기×3회, 코 늘리기)×8회	40	
6	짧은뜨기×2회, 코 늘리기, (짧은뜨기×4회, 코 늘리기)×7회, 짧은뜨기×2회	48	
7	(짧은뜨기×5회, 코 늘리기)×8회	56	
8	짧은뜨기×3회, 코 늘리기, (짧은뜨기×6회, 코 늘리기)×7회, 짧은뜨기×3회	64	D
9	(짧은뜨기×7회, 코 늘리기)×8회	72	
10	짧은뜨기×4회, 코 줄이기, (짧은뜨기×8회, 코 줄이기)×7회, 짧은뜨기×4회	80	
11	(짧은뜨기×9회, 코 늘리기)×8회	88	
12	짧은뜨기×5회, 코 줄이기, (짧은뜨기×10회, 코 줄이기)×7회, 짧은뜨기×5회	96	
13~15	짧은뜨기×96회	96	
16	(짧은뜨기×11회, 코 늘리기)×8회	104	
17	짧은뜨기×104회	104	
18	(짧은뜨기×12회, 코 늘리기)×8회	112	

19	짧은뜨기×112회	112	
20	(짧은뜨기×13회, 코 늘리기)×8회	120	
21	짧은뜨기×120회	120	
22	(짧은뜨기×14회, 코 늘리기)×8회	128	D
23	(첫 코에) 짧은뜨기×23회, 사슬 18개, (아래 열아홉 번째 코부터) 짧은뜨기×46회, 사슬 18개, (아래 열아홉 번째 코부터) 짧은뜨기×23회	128	
24	짧은뜨기×23회, (사슬 구멍에) 긴뜨기×19회, 짧은뜨기×46회, (사슬 구멍에) 긴뜨기×19회, 짧은뜨기×23회	130	
25	짧은뜨기×23회, 긴뜨기×19회, 짧은뜨기×46회, 긴뜨기×19회, 짧은뜨기×23회	130	M

• 실: 약 15cm 남기고 자른 뒤 '코 만들어 정리하기'(28쪽 참조)를 한다.

바구니의 손잡이 안쪽 테두리

설명	색상
한 코에 하나씩 짧은뜨기를 한 바퀴 뜬다.	M

21 과일 바구니는 도안을 보고 뜨되, 24단을 뜰 때는 장난감 바구니의 손잡이 부분(156쪽 **5**)을 참조한다.

22 손잡이 안쪽 테두리는 사진처럼 가장자리부터 시작한다. 첫 코에 바늘을 넣고 실을 뺀 후 바로 다음 코부터 시작해서 매 코에 짧은뜨기를 하나씩 한 바퀴를 뜬 다음 실을 마무리한다.

142

소품

몰뿍뽈뿍하게 입체감을 준 I ♡ U 가랜드는 아이돌의
촉감과 시각 자극에 도움을 줘요.
색에 대한 감각도 키울 수 있으니 가족이 좋아하는 색물로 여러 세트를 떠서
거실이나 부부 침실에 인테리어 소품으로도 활용해보세요.

♥

가
랜
드

I
♡
U

코바늘 5호
나무집게 3개
마끈 적당량

● 실(코튼 65%+아크릴 35%):
　A(베이지/90g)
　B(피스타치오/45g)
　C(흰색/약간)

앞판 만들기
01

| 만들기

단수	설명	콧수	색상
	(기둥코 포함) 사슬 20개	20	
1	(두 번째 사슬부터) 짧은뜨기×19회, 사슬 1개, (반시계 방향으로 돌리기)	19	
2~4	짧은뜨기×19회, 사슬 1개, (반시계 방향으로 돌리기)	19	
5	짧은뜨기×5회, (팝콘뜨기×1회, 짧은뜨기×1회)×5회, 짧은뜨기×4회, 사슬 1개, (반시계 방향으로 돌리기)	19	
6	짧은뜨기×19회, 사슬 1개, (반시계 방향으로 돌리기)	19	
7	짧은뜨기×9회, 팝콘뜨기×1회, 짧은뜨기×9회, 사슬 1개, (반시계 방향으로 돌리기)	19	
8	짧은뜨기×19회, 사슬 1개, (반시계 방향으로 돌리기)	19	
9	짧은뜨기×9회, 팝콘뜨기×1회, 짧은뜨기×9회, 사슬 1개, (반시계 방향으로 돌리기)	19	
10	짧은뜨기×19회, 사슬 1개, (반시계 방향으로 돌리기)	19	
11	짧은뜨기×9회, 팝콘뜨기×1회, 짧은뜨기×9회, 사슬 1개, (반시계 방향으로 돌리기)	19	A
12	짧은뜨기×19회, 사슬 1개, (반시계 방향으로 돌리기)	19	
13	짧은뜨기×9회, 팝콘뜨기×1회, 짧은뜨기×9회, 사슬 1개, (반시계 방향으로 돌리기)	19	
14	짧은뜨기×19회, 사슬 1개, (반시계 방향으로 돌리기)	19	
15	짧은뜨기×9회, 팝콘뜨기×1회, 짧은뜨기×9회, 사슬 1개, (반시계 방향으로 돌리기)	19	
16	짧은뜨기×19회, 사슬 1개, (반시계 방향으로 돌리기)	19	
17	짧은뜨기×5회, (팝콘뜨기×1회, 짧은뜨기×1회)×5회, 짧은뜨기×4회, 사슬 1개, (반시계 방향으로 돌리기)	19	
18~19	짧은뜨기×19회, 사슬 1개, (반시계 방향으로 돌리기)	19	
20	짧은뜨기×19회	19	

• 실: 약 15cm 남기고 자른 뒤 정리한다.

♡ 만들기

단수	설명	콧수	색상
	(기둥코 포함) 사슬 20개	20	
1	(두 번째 사슬부터) 짧은뜨기×19회, 사슬 1개, (반시계 방향으로 돌리기)	19	
2~4	짧은뜨기×19회, 사슬 1개, (반시계 방향으로 돌리기)	19	
5	짧은뜨기×9회, 팝콘뜨기×1회, 짧은뜨기×9회, 사슬 1개, (반시계 방향으로 돌리기)	19	
6	짧은뜨기×19회, 사슬 1개, (반시계 방향으로 돌리기)	19	
7	짧은뜨기×7회, 팝콘뜨기×1회, 짧은뜨기×3회, 팝콘뜨기×1회, 짧은뜨기×7회, 사슬 1개, (반시계 방향으로 돌리기)	19	
8	짧은뜨기×19회, 사슬 1개, (반시계 방향으로 돌리기)	19	
9	짧은뜨기×5회, 팝콘뜨기×1회, 짧은뜨기×7회, 팝콘뜨기×1회, 짧은뜨기×5회, 사슬 1개, (반시계 방향으로 돌리기)	19	
10	짧은뜨기×19회, 사슬 1개, (반시계 방향으로 돌리기)	19	
11	짧은뜨기×3회, 팝콘뜨기×1회, 짧은뜨기×11회, 팝콘뜨기×1회, 짧은뜨기×3회, 사슬 1개, (반시계 방향으로 돌리기)	19	B
12	짧은뜨기×19회, 사슬 1개, (반시계 방향으로 돌리기)	19	
13	짧은뜨기×3회, 팝콘뜨기×1회, 짧은뜨기×11회, 팝콘뜨기×1회, 짧은뜨기×3회, 사슬 1개, (반시계 방향으로 돌리기)	19	
14	짧은뜨기×19회, 사슬 1개, (반시계 방향으로 돌리기)	19	
15	짧은뜨기×3회, 팝콘뜨기×1회, 짧은뜨기×5회, 팝콘뜨기×1회, 짧은뜨기×5회, 팝콘뜨기×1회, 짧은뜨기×3회, 사슬 1개, (반시계 방향으로 돌리기)	19	
16	짧은뜨기×19회, 사슬 1개, (반시계 방향으로 돌리기)	19	
17	짧은뜨기×5회, 팝콘뜨기×1회, 짧은뜨기×1회, 팝콘뜨기×1회, 짧은뜨기×3회, 팝콘뜨기×1회, 짧은뜨기×1회, 팝콘뜨기×1회, 짧은뜨기×5회, 사슬 1개, (반시계 방향으로 돌리기)	19	
18~19	짧은뜨기×19회, 사슬 1개, (반시계 방향으로 돌리기)	19	
20	짧은뜨기×19회	19	

• 실: 약 15cm 남기고 자른 뒤 정리한다.

- -

U 만들기

단수	설명	콧수	색상
	(기둥코 포함) 사슬 20개	20	
1	(두 번째 사슬부터) 짧은뜨기×19회, 사슬 1개, (반시계 방향으로 돌리기)	19	A
2~4	짧은뜨기×19회, 사슬 1개, (반시계 방향으로 돌리기)	19	

5	짧은뜨기×7회, (팝콘뜨기×1회, 짧은뜨기×1회)×3회, 짧은뜨기×6회, 사슬 1개, (반시계 방향으로 돌리기)	19	
6	짧은뜨기×19회, 사슬 1개, (반시계 방향으로 돌리기)	19	
7	짧은뜨기×5회, 팝콘뜨기×1회, 짧은뜨기×7회, 팝콘뜨기×1회, 짧은뜨기×5회, 사슬 1개, (반시계 방향으로 돌리기)	19	
8	짧은뜨기×19회, 사슬 1개, (반시계 방향으로 돌리기)	19	
9	짧은뜨기×5회, 팝콘뜨기×1회, 짧은뜨기×7회, 팝콘뜨기×1회, 짧은뜨기×5회, 사슬 1개, (반시계 방향으로 돌리기)	19	
10	짧은뜨기×19회, 사슬 1개, (반시계 방향으로 돌리기)	19	
11	짧은뜨기×5회, 팝콘뜨기×1회, 짧은뜨기×7회, 팝콘뜨기×1회, 짧은뜨기×5회, 사슬 1개, (반시계 방향으로 돌리기)	19	
12	짧은뜨기×19회, 사슬 1개, (반시계 방향으로 돌리기)	19	A
13	짧은뜨기×5회, 팝콘뜨기×1회, 짧은뜨기×7회, 팝콘뜨기×1회, 짧은뜨기×5회, 사슬 1개, (반시계 방향으로 돌리기)	19	
14	짧은뜨기×19회, 사슬 1개, (반시계 방향으로 돌리기)	19	
15	짧은뜨기×5회, 팝콘뜨기×1회, 짧은뜨기×7회, 팝콘뜨기×1회, 짧은뜨기×5회, 사슬 1개, (반시계 방향으로 돌리기)	19	
16	짧은뜨기×19회, 사슬 1개, (반시계 방향으로 돌리기)	19	
17	짧은뜨기×5회, 팝콘뜨기×1회, 짧은뜨기×7회, 팝콘뜨기×1회, 짧은뜨기×5회, 사슬 1개, (반시계 방향으로 돌리기)	19	
18~19	짧은뜨기×19회, 사슬 1개, (반시계 방향으로 돌리기)	19	
20	짧은뜨기×19회	19	

• 실: 약 15cm 남기고 자른 뒤 정리한다.

1 앞판 3개를 도안대로 1단부터 4단까지 짧은뜨기로 뜬다.

2 5단부터 17단까지 각각 도안을 보면서 팝콘뜨기(23쪽 참조)로 모양을 넣는다.

3 20단까지 뜬 후 실을 약 15cm 남기고 자른 뒤 정리한다.

뒤판(3개)

단수	설명	콧수	색상
	(기둥코 포함) 사슬 20개	20	
1	(두 번째 사슬부터) 짧은뜨기×19회, 사슬 1개, (반시계 방향으로 돌리기)	19	A
2~19	짧은뜨기×19회, 사슬 1개, (반시계 방향으로 돌리기)	19	
20	짧은뜨기×19회	19	

• 실: 약 15cm 남기고 자른 뒤 정리한다.

4

5
6

4 앞판을 뜨고 나면 색상에 맞춰 뒤판을 3개 뜬다.

5 무늬가 있는 앞판과 뒤판을 안쪽 면끼리 맞대고 흰색 실로 테두리를 빼뜨기로 연결한다.

♥ 이때 너무 세게 뜨면 쭈글쭈글해질 수 있으니 힘을 많이 주지 말고 편하게 뜬다.

6 가랜드의 글자판이 완성된 모습.

7 원하는 길이만큼 마끈을 준비한 후 나무집게로 글자판을 연결해서 가랜드를 완성한다.

패브릭 안으로 푹신푹신한 장난감 바구니를 폭신막하게 만들어주면
아이들이 장난감을 직접 넣고 빼기도 편하고 다칠 위험이 없어서 안전하답니다.
또 아이가 바구니 안에 쏙~ 들어가 나만의 공간을 꿎게 해보는 건 어떨까요?

♥

장난감 폭신폭신 바구니

왕 코바늘 15mm
● 실(패브릭 얀):
- 〈스타일A〉
  A(검정/1kg)
  B(형광 핑크/250g)

- 〈스타일B〉
  B(형광 핑크/250g)
  C(차콜/500g)

- 〈스타일C〉
  D(연그레이/800g)
  E(하늘/250g)

스타일A
01

블랙 & 핑크(높이: 31cm, 바닥: 29cm)

☆

주의사항
일반 짧은뜨기와
같은 방법으로
뜨되, 코에 걸지
말고 기둥에
걸어서 뜬다.

단수	설명	콧수	색상
1	(원형고리 안에) 긴뜨기×7회	7	
2	(빼뜨기 없이 이어서) 코 늘리기×7회	14	
3	(짧은뜨기×6회, 코 늘리기)×2회	16	
4	(짧은뜨기×3회, 코 늘리기)×4회	20	A
5	(짧은뜨기×3회, 코 늘리기)×5회	25	
6	짧은뜨기×2회, 코 늘리기, (짧은뜨기×4회, 코 늘리기)×4회, 짧은뜨기×2회	30	
7	(짧은뜨기×4회, 코 늘리기)×6회	36	

단수	설명	콧수	색상
8	(짧은뜨기×3회, 코 늘리기)×9회	45	
9	(짧은뜨기×8회, 코 늘리기)×5회	50	
10	(짧은뜨기×9회, 코 늘리기)×5회	55	A
11	뒤반코걸어 이랑뜨기×55회	55	
12~29	짧은뜨기×55회	55	
30	(첫 코에 빼뜨기 후 기둥코 사슬 1개, 같은 자리부터) 짧은뜨기×55회	55	
31	(첫 코에 빼뜨기 후 기둥코 사슬 1개, 같은 자리부터) 짧은뜨기×11회, 사슬 6개, (아래 6코 건너뛰고 일곱 번째부터) 짧은뜨기×21회, 사슬 6개, (아래 6코 건너뛰고 일곱 번째부터) 짧은뜨기×11회	55	B
32	(첫 코에 빼뜨기 후 기둥코 사슬 1개, 같은 자리부터) 짧은뜨기×11회, (사슬 구멍에) 짧은뜨기×7회, 짧은뜨기×21회, (사슬 구멍에) 짧은뜨기×7회, 이어서 짧은뜨기×11회	57	
33	빼뜨기×57회	57	

스타일B
02

차콜 & 핑크(높이: 17cm, 바닥: 29cm)

단수	설명	콧수	색상
1	(원형고리 안에) 긴뜨기×7회	7	
2	(빼뜨기 없이 이어서) 코 늘리기×7회	14	C
3	(짧은뜨기×6회, 코 늘리기)×2회	16	

☆

주의사항

일반 짧은뜨기와 같은 방법으로 뜨되, 코에 걸지 말고 기둥에 걸어서 뜬다.

4	(짧은뜨기×3회, 코 늘리기)×4회	20	
5	(짧은뜨기×3회, 코 늘리기)×5회	25	
6	짧은뜨기×2회, 코 늘리기, (짧은뜨기×4회, 코 늘리기)×4회, 짧은뜨기×2회	30	
7	(짧은뜨기×4회, 코 늘리기)×6회	36	
8	(짧은뜨기×3회, 코 늘리기)×9회	45	C
9	(짧은뜨기×8회, 코 늘리기)×5회	50	
10	(짧은뜨기×9회, 코 늘리기)×5회	55	
11	뒤반코걸어 이랑뜨기×55회	55	
12~19	짧은뜨기×55회	55	
20	(첫 코에 빼뜨기 후 기둥코 사슬 1개, 같은 자리부터) 짧은뜨기×55회	55	
21	(첫 코에 빼뜨기 후 기둥코 사슬 1개, 같은 자리부터) 짧은뜨기×11회, 사슬 6개, (아래 6코 건너뛰고 일곱 번째부터) 짧은뜨기×21회, 사슬 6개, (아래 6코 건너뛰고 일곱 번째부터) 짧은뜨기×11회	55	B
22	(첫 코에 빼뜨기 후 기둥코 사슬 1개, 같은 자리부터) 짧은뜨기×11회, (사슬 구멍에) 짧은뜨기×7회, 짧은뜨기×21회, (사슬 구멍에) 짧은뜨기×7회, 이어서 짧은뜨기×11회	57	
23	빼뜨기×57회	57	

스타일C
03

그레이 & 블루(높이: 23cm, 바닥: 31cm)

☆	단수	설명	콧수	색상
주의사항 일반 짧은뜨기와 같은 방법으로 뜨되, 코에 걸지 말고 기둥에 걸어서 뜬다.	1	(원형고리 안에) 긴뜨기×7회	7	
	2	(빼뜨기 없이 이어서) 코 늘리기×7회	14	
	3	(짧은뜨기×6회, 코 늘리기)×2회	16	
	4	(짧은뜨기×3회, 코 늘리기)×4회	20	
	5	(짧은뜨기×3회, 코 늘리기)×5회	25	
	6	짧은뜨기×2회, 코 늘리기, (짧은뜨기×4회, 코 늘리기)×4회, 짧은뜨기×2회	30	D
	7	(짧은뜨기×4회, 코 늘리기)×6회	36	
	8	(짧은뜨기×3회, 코 늘리기)×9회	45	
	9	(짧은뜨기×8회, 코 늘리기)×5회	50	
	10	(짧은뜨기×9회, 코 늘리기)×5회	55	
	11	뒤반코걸어 이랑뜨기×55회	55	
	12~23	짧은뜨기×55회	55	
	24	(첫 코에 빼뜨기 후 기둥코 사슬 1개, 같은 자리부터) 짧은뜨기×55회	55	
	25	(첫 코에 빼뜨기 후 기둥코 사슬 1개, 같은 자리부터) 짧은뜨기×11회, 사슬 6개, (아래 6코 건너뛰고 일곱 번째부터) 짧은뜨기×21회, 사슬 6개, (아래 6코 건너뛰고 일곱 번째부터) 짧은뜨기×11회	55	E
	26	(첫 코에 빼뜨기 후 기둥코 사슬 1개, 같은 자리부터) 짧은뜨기×11회, (사슬 구멍에) 짧은뜨기×7회, 짧은뜨기×21회, (사슬 구멍에) 짧은뜨기×7회, 이어서 짧은뜨기×11회	57	
	27	빼뜨기×57회	57	

1 바구니를 뜰 때는 짧은뜨기를 코에 걸지 말고 기둥에 걸어서 뜬다.

♥ 기둥에 걸어서 떠야 더욱 탄탄하고 예쁜 모양을 만들 수 있다.

2 11단에서 뒤반코걸어 이랑뜨기를 할 때에도 같은 방법으로 코에 걸지 말고 기둥에 걸어서 뜬다.

3 스타일A의 30단(B는 20단, C는 24단)에서 색상을 바꾼 후 바뀐 색상으로 첫 코에 빼뜨기를 한다. 이어서 기둥코 사슬 1개를 만든 후 빼뜨기한 자리부터 짧은뜨기를 시작해서 총 55회 뜬다.

4 스타일A의 31단(B는 21단, C는 25단)인 손잡이 부분은 사슬 6개를 만든 후 아래 짧은뜨기 6코를 건너뛴다. 그리고 일곱 번째 코부터 기재된 개수만큼 짧은뜨기를 뜬다. 반대편 손잡이도 같은 방법으로 만든다.

5 스타일A의 32단(B는 22단, C는 26단)에서는 손잡이 부분인 6개의 사슬 아래 구멍에 바늘을 넣어 짧은뜨기를 7개 뜬다.

5

다양한 스타일로 연출해보세요!

바구니는 실 색상과 가운데 단수를 조절하면 얼마든지 원하는 컬러와 크기로 다양하게 연출할 수 있어요.

러블리 쿠션
베베 쿠션

소품

엄마의 사랑이 듬뿍 담긴 하트 입체 쿠션을 선물해보세요.
쿠션의 포근함에 엄마의 마음을 저절로 느끼게 될 거예요.
꼬꼬마 때부터 함께한 쿠션이 아이에게 평생 보물 1호가 될지도 몰라요.

♥

코바늘 4호

● 실(코튼 65%+아크릴 35%):

- 〈bebe ♡ girl〉

  A(연밤색/45g)

  B(연베이지/100g)

  C(빨강/45g)

  D(흰색/10g)

  E(밤색/100g)

- 〈bebe ♡ boy〉

  A(연밤색/100g)

  B(연베이지/45g)

  C(빨강/45g)

  D(흰색/10g)

  E(밤색/100g)

(뒤판) E

A

bebe ♡ girl

01

앞판

☆	단수	설명	콧수	색상
		(기둥코 포함) 사슬 79개	79	
주의사항	1	(두 번째 사슬부터 사슬산에) 짧은뜨기×78회, 사슬 1개, (반시계 방향으로 돌리기)	78	A
바탕색(A)을 끊지 않고 이어서 계속 뜨고 글씨(D)와 하트(C, D)만 배색할 때마다 끊어서 간다.	2~11	(첫 번째 코부터) 짧은뜨기×78회, 사슬 1개, (반시계 방향으로 돌리기)	78	
	12	짧은뜨기×22회, (색상 B로 바꿔서) (팝콘뜨기×1회, 짧은뜨기×1회)×3회, (색상 A로 바꿔서) 짧은뜨기×50회, 사슬 1개, (반시계 방향으로 돌리기)	78	
	13	(첫 번째 코부터) 짧은뜨기×78회, 사슬 1개, (반시계 방향으로 돌리기)	78	
	14	짧은뜨기×20회, (B) S×1회, (A) 짧은뜨기×6회, (B) S×1회, (A) 짧은뜨기×48회, 사슬 1개, (반시계 방향으로 돌리기)	78	
S×1회는 (팝콘뜨기×1회, 짧은뜨기×1회)를 1회 떠준다.	15	(첫 번째 코부터) 짧은뜨기×78회, 사슬 1개, (반시계 방향으로 돌리기)	78	
	16	짧은뜨기×28회, (B) S×1회, (A) 짧은뜨기×48회, 사슬 1개, (반시계 방향으로 돌리기)	78	
S×2회는 (팝콘뜨기×1회, 짧은뜨기×1회)를 2회.	17	(첫 번째 코부터) 짧은뜨기×78회, 사슬 1개, (반시계 방향으로 돌리기)	78	
	18	짧은뜨기×22회, (B) S×2회, (A) 짧은뜨기×2회, (B) S×1회, (A) 짧은뜨기×2회, (B) S×3회, (A) 짧은뜨기×2회, (B) S×3회, (A) 짧은뜨기×8회, (B) S×3회, (A) 짧은뜨기×18회, 사슬 1개, (반시계 방향으로 돌리기)	78	
	19	(첫 번째 코부터) 짧은뜨기×78회, 사슬 1개, (반시계 방향으로 돌리기)	78	
	20	짧은뜨기×20회, (B) S×1회, (A) 짧은뜨기×4회, (B) S×2회, (A) 짧은뜨기×4회, (B) S×1회, (A) 짧은뜨기×6회, (B) S×1회, (A) 짧은뜨기×12회, (B) S×1회, (A) 짧은뜨기×20회, 사슬 1개, (반시계 방향으로 돌리기)	78	

21	(첫 번째 코부터) 짧은뜨기×78회, 사슬 1개, (반시계 방향으로 돌리기)	78
22	짧은뜨기×18회, (B) S×1회, (A) 짧은뜨기×8회, (B) S×1회, (A) 짧은뜨기×4회, (B) S×1회, (A) 짧은뜨기×6회, (B) S×1회, (A) 짧은뜨기×12회, (B) S×1회, (A) 짧은뜨기×20회, 사슬 1개, (반시계 방향으로 돌리기)	78
23	(첫 번째 코부터) 짧은뜨기×78회, 사슬 1개, (반시계 방향으로 돌리기)	78
24	짧은뜨기×18회, (B) S×1회, (A) 짧은뜨기×8회, (B) S×1회, (A) 짧은뜨기×4회, (B) S×1회, (A) 짧은뜨기×6회, (B) S×1회, (A) 짧은뜨기×12회, (B) S×1회, (A) 짧은뜨기×20회, 사슬 1개, (반시계 방향으로 돌리기)	78
25	(첫 번째 코부터) 짧은뜨기×78회, 사슬 1개, (반시계 방향으로 돌리기)	78
26	짧은뜨기×18회, (B) S×1회, (A) 짧은뜨기×8회, (B) S×1회, (A) 짧은뜨기×2회, (B) S×2회, (A) 짧은뜨기×6회, (B) S×1회, (A) 짧은뜨기×12회, (B) S×1회, (A) 짧은뜨기×20회, 사슬 1개, (반시계 방향으로 돌리기)	78
27	(첫 번째 코부터) 짧은뜨기×78회, 사슬 1개, (반시계 방향으로 돌리기)	78
28	짧은뜨기×20회, (B) S×1회, (A) 짧은뜨기×4회, (B) S×2회, (A) 짧은뜨기×12회, (B) S×2회, (A) 짧은뜨기×4회, (B) S×1회, (A) 짧은뜨기×4회, (B) S×1회, (A) 짧은뜨기×20회, 사슬 1개, (반시계 방향으로 돌리기)	78
29	(첫 번째 코부터) 짧은뜨기×78회, 사슬 1개, (반시계 방향으로 돌리기)	78
30	짧은뜨기×22회, (B) S×2회, (A) 짧은뜨기×2회, (B) S×1회, (A) 짧은뜨기×4회, (B) S×1회, (A) 짧은뜨기×4회, (B) S×2회, (A) 짧은뜨기×2회, (B) S×2회, (A) 짧은뜨기×6회, (B) S×1회, (A) 짧은뜨기×20회, 사슬 1개, (반시계 방향으로 돌리기)	78
31	(첫 번째 코부터) 짧은뜨기×78회, 사슬 1개, (반시계 방향으로 돌리기)	78
32	짧은뜨기×54회, (B) S×2회, (A) 짧은뜨기×20회, 사슬 1개, (반시계 방향으로 돌리기)	78
33~37	(첫 번째 코부터) 짧은뜨기×78회, 사슬 1개, (반시계 방향으로 돌리기)	78
38	짧은뜨기×38회, (C) S×1회, (A) 짧은뜨기×38회, 사슬 1개, (반시계 방향으로 돌리기)	78
39	(첫 번째 코부터) 짧은뜨기×78회, 사슬 1개, (반시계 방향으로 돌리기)	78
40	짧은뜨기×36회, (C) S×3회, (A) 짧은뜨기×36회, 사슬 1개, (반시계 방향으로 돌리기)	78
41	(첫 번째 코부터) 짧은뜨기×78회, 사슬 1개, (반시계 방향으로 돌리기)	78
42	짧은뜨기×34회, (C) S×5회, (A) 짧은뜨기×34회, 사슬 1개, (반시계 방향으로 돌리기)	78
43	(첫 번째 코부터) 짧은뜨기×78회, 사슬 1개, (반시계 방향으로 돌리기)	78
44	짧은뜨기×32회, (C) S×7회, (A) 짧은뜨기×32회, 사슬 1개, (반시계 방향으로 돌리기)	78
45	(첫 번째 코부터) 짧은뜨기×78회, 사슬 1개, (반시계 방향으로 돌리기)	78
46	짧은뜨기×30회, (C) S×7회, (D) S×1회, (C) S×1회, (A) 짧은뜨기×30회, 사슬 1개, (반시계 방향으로 돌리기)	78
47	(첫 번째 코부터) 짧은뜨기×78회, 사슬 1개, (반시계 방향으로 돌리기)	78

48	짧은뜨기×28회, (C) S×9회, (D) S×1회, (C) S×1회, (A) 짧은뜨기×28회, 사슬 1개, (반시계 방향으로 돌리기)	78
49	(첫 번째 코부터) 짧은뜨기×78회, 사슬 1개, (반시계 방향으로 돌리기)	78
50	짧은뜨기×28회, (C) S×9회, (D) S×1회, (C) S×1회, (A) 짧은뜨기×28회, 사슬 1개, (반시계 방향으로 돌리기)	78
51	(첫 번째 코부터) 짧은뜨기×78회, 사슬 1개, (반시계 방향으로 돌리기)	78
52	짧은뜨기×28회, (C) S×5회, (A) 짧은뜨기×2회, (C) S×5회, (A) 짧은뜨기×28회, 사슬 1개, (반시계 방향으로 돌리기)	78
53	(첫 번째 코부터) 짧은뜨기×78회, 사슬 1개, (반시계 방향으로 돌리기)	78
54	짧은뜨기×30회, (C) S×3회, (A) S×6회, (C) S×3회, (A) 짧은뜨기×30회, 사슬 1개, (반시계 방향으로 돌리기)	78
55~59	(첫 번째 코부터) 짧은뜨기×78회, 사슬 1개, (반시계 방향으로 돌리기)	78
60	짧은뜨기×18회, (B) S×2회, (A) 짧은뜨기×8회, (B) S×4회, (A) 짧은뜨기×6회, (B) S×2회, (A) 짧은뜨기×8회, (B) S×4회, (A) 짧은뜨기×14회, 사슬 1개, (반시계 방향으로 돌리기)	78
61	(첫 번째 코부터) 짧은뜨기×78회, 사슬 1개, (반시계 방향으로 돌리기)	78
62	짧은뜨기×14회, (B) S×2회, (A) 짧은뜨기×4회, (B) S×1회, (A) 짧은뜨기×4회, (B) S×1회, (A) 짧은뜨기×10회, (B) S×2회, (A) 짧은뜨기×4회, (B) S×1회, (A) 짧은뜨기×4회, (B) S×1회, (A) 짧은뜨기×22회, 사슬 1개, (반시계 방향으로 돌리기)	78
63	(첫 번째 코부터) 짧은뜨기×78회, 사슬 1개, (반시계 방향으로 돌리기)	78
64	짧은뜨기×14회, (B) S×1회, (A) 짧은뜨기×8회, (B) S×1회, (A) 짧은뜨기×2회, (B) S×1회, (A) 짧은뜨기×10회, (B) S×1회, (A) 짧은뜨기×8회, (B) S×1회, (A) 짧은뜨기×2회, (B) S×1회, (A) 짧은뜨기×22회, 사슬 1개, (반시계 방향으로 돌리기)	78
65	(첫 번째 코부터) 짧은뜨기×78회, 사슬 1개, (반시계 방향으로 돌리기)	78
66	짧은뜨기×14회, (B) S×1회, (A) 짧은뜨기×8회, (B) S×1회, (A) 짧은뜨기×2회, (B) S×5회, (A) 짧은뜨기×2회, (B) S×1회, (A) 짧은뜨기×8회, (B) S×1회, (A) 짧은뜨기×2회, (B) S×5회, (A) 짧은뜨기×14회, 사슬 1개, (반시계 방향으로 돌리기)	78
67	(첫 번째 코부터) 짧은뜨기×78회, 사슬 1개, (반시계 방향으로 돌리기)	78
68	짧은뜨기×14회, (B) S×1회, (A) 짧은뜨기×8회, (B) S×1회, (A) 짧은뜨기×2회, (B) S×1회, (A) 짧은뜨기×6회, (B) S×1회, (A) 짧은뜨기×2회, (B) S×1회, (A) S×8회, (B) S×1회, (A) 짧은뜨기×2회, (B) S×1회, (A) 짧은뜨기×6회, (B) S×1회, (A) 짧은뜨기×14회, 사슬 1개, (반시계 방향으로 돌리기)	78
69	(첫 번째 코부터) 짧은뜨기×78회, 사슬 1개, (반시계 방향으로 돌리기)	78
70	짧은뜨기×14회, (B) S×1회, (A) 짧은뜨기×6회, (B) S×1회, (A) 짧은뜨기×4회, (B) S×1회, (A) 짧은뜨기×6회, (B) S×1회, (A) 짧은뜨기×2회, (B) S×1회, (A) 짧은뜨기×6회, (B) S×1회, (A) 짧은뜨기×4회, (B) S×1회, (A) 짧은뜨기×6회, (B) S×1회, (A) 짧은뜨기×14회, 사슬 1개, (반시계 방향으로 돌리기)	78
71	(첫 번째 코부터) 짧은뜨기×78회, 사슬 1개, (반시계 방향으로 돌리기)	78

72	짧은뜨기×14회, (B) S×4회, (A) 짧은뜨기×8회, (B) S×3회, (A) 짧은뜨기×4회, (B) S×4회, (A) 짧은뜨기×8회, (B) S×3회, (A) 짧은뜨기×16회, 사슬 1개, (반시계 방향으로 돌리기)	78
73	(첫 번째 코부터) 짧은뜨기×78회, 사슬 1개, (반시계 방향으로 돌리기)	78
74	짧은뜨기×14회, (B) S×1회, (A) 짧은뜨기×24회, (B) S×1회, (A) 짧은뜨기×36회, 사슬 1개, (반시계 방향으로 돌리기)	78
75	(첫 번째 코부터) 짧은뜨기×78회, 사슬 1개, (반시계 방향으로 돌리기)	78
76	짧은뜨기×14회, (B) S×1회, (A) 짧은뜨기×24회, (B) S×1회, (A) 짧은뜨기×36회, 사슬 1개, (반시계 방향으로 돌리기)	78
77	(첫 번째 코부터) 짧은뜨기×78회, 사슬 1개, (반시계 방향으로 돌리기)	78
78	짧은뜨기×14회, (B) S×1회, (A) 짧은뜨기×24회, (B) S×1회, (A) 짧은뜨기×36회, 사슬 1개, (반시계 방향으로 돌리기)	78
79~89	(첫 번째 코부터) 짧은뜨기×78회, 사슬 1개, (반시계 방향으로 돌리기)	78

• 봉접실: 약 160cm 남기고 자른다.

뒤판

단수	설명	콧수	색상
	(기둥코 포함) 사슬 79개	79	
1	(두 번째 사슬부터 사슬산에) 짧은뜨기×78회, 사슬 1개, (반시계 방향으로 돌리기)	78	E
2~89	(첫 번째 코부터) 짧은뜨기×78회, 사슬 1개, (반시계 방향으로 돌리기)	78	

• 실: 약 15cm 남기고 자른 뒤 정리한다.

1 기둥코를 포함해서 사슬을 79개 뜬 다음 두 번째 사슬에서부터 사슬산에 뜬다.

2 2~11단은 짧은뜨기로 뜬다.

3 12단은 사진을 참고하여 뜬다. 색상 A로 짧은뜨기를 22회 뜬 후 색상B로 바꿔서 이어 뜬다. 팝콘뜨기를 1회 뜨고 다음 코에 짧은뜨기를 1회 떠서 이것을 한 세트로 총 3회 반복한다. 다시 색상A로 바꿔서 나머지 코를 뜨면 첫 번째 팝콘뜨기 단이 완성된다.

♥ 색상A는 팝콘뜨기 안쪽에 두고 떠야 이어서 나머지 짧은뜨기를 50회 뜰 수 있다.

♥ 12단부터 짝수단에서는 팝콘뜨기를, 홀수단에서는 짧은뜨기를 뜬다. 다 뜬 후에는 단마다 색상B 실을 자른 후 뒤에서 돗바늘로 정리해준다.

5 앞판 1단부터 89단까지 완성한 모습. 봉접실은 약 160cm 남긴다.

6 뒤판 1단부터 89단까지 완성한 모습.

7 무늬가 있는 앞판과 뒤판을 안쪽 면끼리 맞대고 앞판에서 남긴 봉접실을 이용해 테두리를 짧은뜨기로 연결한다.

8 사진과 같이 3면을 연결한 후 구름솜을 빵빵하게 채운다. 이어서 나머지 면도 짧은뜨기로 연결한다.

bebe ♡ boy
02

	주의사항

바탕색(B)을 끊지 않고 이어서 계속 뜨고 글씨(D)와 하트(C, D)만 배색할 때마다 끊어서 간다.

앞판

단수	설명	콧수	색상
	(기둥코 포함) 사슬 79개	79	
1	(두 번째 사슬부터 사슬산에) 짧은뜨기×78회, 사슬 1개, (반시계 방향으로 돌리기)	78	B

☆

주의사항

S×1회는
(팝콘뜨기×1회,
짧은뜨기×1회)를
1회 떠준다.
S×2회는
(팝콘뜨기×1회,
짧은뜨기×1회)를
2회.

2~11	(첫 번째 코부터) 짧은뜨기×78회, 사슬 1개, (반시계 방향으로 돌리기)	78	B	
12	짧은뜨기×52회, (색상A로 바꿔서) (팝콘뜨기×1회, 짧은뜨기×1회)×3회, (색상B로 바꿔서) 짧은뜨기×20회, 사슬 1개, (반시계 방향으로 돌리기)	78		
13	(첫 번째 코부터) 짧은뜨기×78회, 사슬 1개, (반시계 방향으로 돌리기)	78		
14	짧은뜨기×50회, (A) S×1회, (B) 짧은뜨기×6회, (A) S×1회, (B) 짧은뜨기×18회, 사슬 1개, (반시계 방향으로 돌리기)	78		
15	(첫 번째 코부터) 짧은뜨기×78회, 사슬 1개, (반시계 방향으로 돌리기)	78		
16	짧은뜨기×58회, (A) S×1회, (B) 짧은뜨기×18회, 사슬 1개, (반시계 방향으로 돌리기)	78		
17	(첫 번째 코부터) 짧은뜨기×78회, 사슬 1개, (반시계 방향으로 돌리기)	78		
18	짧은뜨기×22회, (A) S×2회, (B) 짧은뜨기×10회, (A) S×3회, (B) 짧은뜨기×10회, (A) S×2회, (B) 짧은뜨기×2회, (A) S×1회, (B) 짧은뜨기×18회, 사슬 1개, (반시계 방향으로 돌리기)	78		
19	(첫 번째 코부터) 짧은뜨기×78회, 사슬 1개, (반시계 방향으로 돌리기)	78		
20	짧은뜨기×18회, (A) S×2회, (B) 짧은뜨기×4회, (A) S×1회, (B) 짧은뜨기×6회, (A) S×1회, (B) 짧은뜨기×6회, (A) S×1회, (B) 짧은뜨기×4회, (A) S×2회, (B) 짧은뜨기×4회, (A) S×2회, (B) 짧은뜨기×18회, 사슬 1개, (반시계 방향으로 돌리기)	78		
21	(첫 번째 코부터) 짧은뜨기×78회, 사슬 1개, (반시계 방향으로 돌리기)	78		
22	짧은뜨기×18회, (A) S×1회, (B) 짧은뜨기×8회, (A) S×1회, (B) 짧은뜨기×2회, (A) S×1회, (B) 짧은뜨기×10회, (A) S×1회, (B) 짧은뜨기×2회, (A) S×1회, (B) 짧은뜨기×8회, (A) S×1회, (B) 짧은뜨기×18회, 사슬 1개, (반시계 방향으로 돌리기)	78		
23	(첫 번째 코부터) 짧은뜨기×78회, 사슬 1개, (반시계 방향으로 돌리기)	78		
24	짧은뜨기×18회, (A) S×1회, (B) 짧은뜨기×8회, (A) S×1회, (B) 짧은뜨기×2회, (A) S×1회, (B) 짧은뜨기×10회, (A) S×1회, (B) 짧은뜨기×2회, (A) S×1회, (B) 짧은뜨기×8회, (A) S×1회, (B) 짧은뜨기×18회, 사슬 1개, (반시계 방향으로 돌리기)	78		
25	(첫 번째 코부터) 짧은뜨기×78회, 사슬 1개, (반시계 방향으로 돌리기)	78		
26	짧은뜨기×18회, (A) S×1회, (B) 짧은뜨기×8회, (A) S×1회, (B) 짧은뜨기×2회, (A) S×1회, (B) 짧은뜨기×10회, (A) S×1회, (B) 짧은뜨기×2회, (A) S×1회, (B) 짧은뜨기×8회, (A) S×1회, (B) 짧은뜨기×18회, 사슬 1개, (반시계 방향으로 돌리기)	78		
27	(첫 번째 코부터) 짧은뜨기×78회, 사슬 1개, (반시계 방향으로 돌리기)	78		
28	짧은뜨기×18회, (A) S×1회, (B) 짧은뜨기×6회, (A) S×1회, (B) 짧은뜨기×6회, (A) S×1회, (B) 짧은뜨기×6회, (A) S×1회, (B) 짧은뜨기×4회, (A) S×1회, (B) 짧은뜨기×8회, (A) S×1회, (B) 짧은뜨기×18회, 사슬 1개, (반시계 방향으로 돌리기)	78		
29	(첫 번째 코부터) 짧은뜨기×78회, 사슬 1개, (반시계 방향으로 돌리기)	78		
30	짧은뜨기×18회, (A) S×4회, (B) 짧은뜨기×10회, (A) S×3회, (B) 짧은뜨기×36회, 사슬 1개, (반시계 방향으로 돌리기)	78		
31	(첫 번째 코부터) 짧은뜨기×78회, 사슬 1개, (반시계 방향으로 돌리기)	78		

32	짧은뜨기×18회, (A) S×1회, (B) 짧은뜨기×58회, 사슬 1개, (반시계 방향으로 돌리기)	78
33	(첫 번째 코부터) 짧은뜨기×78회, 사슬 1개, (반시계 방향으로 돌리기)	78
34	짧은뜨기×18회, (A) S×1회, (B) 짧은뜨기×58회, 사슬 1개, (반시계 방향으로 돌리기)	78
35	(첫 번째 코부터) 짧은뜨기×78회, 사슬 1개, (반시계 방향으로 돌리기)	78
36	짧은뜨기×18회, (A) S×1회, (B) 짧은뜨기×58회, 사슬 1개, (반시계 방향으로 돌리기)	78
37~41	(첫 번째 코부터) 짧은뜨기×78회, 사슬 1개, (반시계 방향으로 돌리기)	78
42	짧은뜨기×38회, (C) S×1회, (B) 짧은뜨기×38회, 사슬 1개, (반시계 방향으로 돌리기)	78
43	(첫 번째 코부터) 짧은뜨기×78회, 사슬 1개, (반시계 방향으로 돌리기)	78
44	짧은뜨기×36회, (C) S×3회, (B) 짧은뜨기×36회, 사슬 1개, (반시계 방향으로 돌리기)	78
45	(첫 번째 코부터) 짧은뜨기×78회, 사슬 1개, (반시계 방향으로 돌리기)	78
46	짧은뜨기×34회, (C) S×5회, (B) 짧은뜨기×34회, 사슬 1개, (반시계 방향으로 돌리기)	78
47	(첫 번째 코부터) 짧은뜨기×78회, 사슬 1개, (반시계 방향으로 돌리기)	78
48	짧은뜨기×32회, (C) S×7회, (B) 짧은뜨기×32회, 사슬 1개, (반시계 방향으로 돌리기)	78
49	(첫 번째 코부터) 짧은뜨기×78회, 사슬 1개, (반시계 방향으로 돌리기)	78
50	짧은뜨기×30회, (C) S×7회, (D) S×1회, (C) S×1회, (B) 짧은뜨기×30회, 사슬 1개, (반시계 방향으로 돌리기)	78
51	(첫 번째 코부터) 짧은뜨기×78회, 사슬 1개, (반시계 방향으로 돌리기)	78
52	짧은뜨기×28회, (C) S×9회, (D) S×1회, (C) S×1회, (B) 짧은뜨기×28회, 사슬 1개, (반시계 방향으로 돌리기)	78
53	(첫 번째 코부터) 짧은뜨기×78회, 사슬 1개, (반시계 방향으로 돌리기)	78
54	짧은뜨기×28회, (C) S×9회, (D) S×1회, (C) S×1회, (B) 짧은뜨기×28회, 사슬 1개, (반시계 방향으로 돌리기)	78
55	(첫 번째 코부터) 짧은뜨기×78회, 사슬 1개, (반시계 방향으로 돌리기)	78
56	짧은뜨기×28회, (C) S×5회, (B) 짧은뜨기×2회, (C) S×5회, (B) 짧은뜨기×28회, 사슬 1개, (반시계 방향으로 돌리기)	78
57	(첫 번째 코부터) 짧은뜨기×78회, 사슬 1개, (반시계 방향으로 돌리기)	78
58	짧은뜨기×30회, (C) S×3회, (B) 짧은뜨기×6회, (C) S×3회, (B) 짧은뜨기×30회, 사슬 1개, (반시계 방향으로 돌리기)	78
59~63	(첫 번째 코부터) 짧은뜨기×78회, 사슬 1개, (반시계 방향으로 돌리기)	78
64	짧은뜨기×18회, (A) S×2회, (B) 짧은뜨기×8회, (A) S×4회, (B) 짧은뜨기×6회, (A) S×2회, (B) 짧은뜨기×8회, (A) S×4회, (B) 짧은뜨기×14회, 사슬 1개, (반시계 방향으로 돌리기)	78
65	(첫 번째 코부터) 짧은뜨기×78회, 사슬 1개, (반시계 방향으로 돌리기)	78

66	짧은뜨기×14회, (A) S×2회, (B) 짧은뜨기×4회, (A) S×1회, (B) 짧은뜨기×4회, (A) S×1회, (B) 짧은뜨기×10회, (A) S×2회, (B) 짧은뜨기×4회, (A) S×1회, (B) 짧은뜨기×4회, (A) S×1회, (B) 짧은뜨기×22회, 사슬 1개, (반시계 방향으로 돌리기)	78	
67	(첫 번째 코부터) 짧은뜨기×78회, 사슬 1개, (반시계 방향으로 돌리기)	78	
68	짧은뜨기×14회, (A) S×1회, (B) 짧은뜨기×8회, (A) S×1회, (B) 짧은뜨기×2회, (A) S×1회, (B) 짧은뜨기×10회, (A) S×1회, (B) 짧은뜨기×8회, (A) S×1회, (B) 짧은뜨기×2회, (A) S×1회, (B) 짧은뜨기×22회, 사슬 1개, (반시계 방향으로 돌리기)	78	
69	(첫 번째 코부터) 짧은뜨기×78회, 사슬 1개, (반시계 방향으로 돌리기)	78	
70	짧은뜨기×14회, (A) S×1회, (B) 짧은뜨기×8회, (A) S×1회, (B) 짧은뜨기×2회, (A) S×5회, (B) 짧은뜨기×2회, (A) S×1회, (B) 짧은뜨기×8회, (A) S×1회, (B) 짧은뜨기×2회, (A) S×5회, (B) 짧은뜨기×14회, 사슬 1개, (반시계 방향으로 돌리기)	78	
71	(첫 번째 코부터) 짧은뜨기×78회, 사슬 1개, (반시계 방향으로 돌리기)	78	
72	짧은뜨기×14회, (A) S×1회, (B) 짧은뜨기×8회, (A) S×1회, (B) 짧은뜨기×2회, (A) S×1회, (B) 짧은뜨기×6회, (A) S×1회, (B) 짧은뜨기×2회, (A) S×1회, (B) S×8회, (A) S×1회, (B) 짧은뜨기×2회, (A) S×1회, (B) 짧은뜨기×6회, (A) S×1회, (B) 짧은뜨기×14회, 사슬 1개, (반시계 방향으로 돌리기)	78	
73	(첫 번째 코부터) 짧은뜨기×78회, 사슬 1개, (반시계 방향으로 돌리기)	78	
74	짧은뜨기×14회, (A) S×1회, (B) 짧은뜨기×6회, (A) S×1회, (B) 짧은뜨기×4회, (A) S×1회, (B) 짧은뜨기×6회, (A) S×1회, (B) 짧은뜨기×2회, (A) S×1회, (B) 짧은뜨기×6회, (A) S×1회, (B) 짧은뜨기×4회, (A) S×1회, (B) 짧은뜨기×6회, (A) S×1회, (B) 짧은뜨기×14회, 사슬 1개, (반시계 방향으로 돌리기)	78	
75	(첫 번째 코부터) 짧은뜨기×78회, 사슬 1개, (반시계 방향으로 돌리기)	78	
76	짧은뜨기×14회, (A) S×4회, (B) 짧은뜨기×8회, (A) S×3회, (B) 짧은뜨기×4회, (A) S×4회, (B) 짧은뜨기×8회, (A) S×3회, (B) 짧은뜨기×16회, 사슬 1개, (반시계 방향으로 돌리기)	78	
77	(첫 번째 코부터) 짧은뜨기×78회, 사슬 1개, (반시계 방향으로 돌리기)	78	
78	짧은뜨기×14회, (A) S×1회, (B) 짧은뜨기×24회, (A) S×1회, (B) 짧은뜨기×36회, 사슬 1개, (반시계 방향으로 돌리기)	78	
79	(첫 번째 코부터) 짧은뜨기×78회, 사슬 1개, (반시계 방향으로 돌리기)	78	
80	짧은뜨기×14회, (A) S×1회, (B) 짧은뜨기×24회, (A) S×1회, (B) 짧은뜨기×36회, 사슬 1개, (반시계 방향으로 돌리기)	78	
81	(첫 번째 코부터) 짧은뜨기×78회, 사슬 1개, (반시계 방향으로 돌리기)	78	
82	짧은뜨기×14회, (A) S×1회, (B) 짧은뜨기×24회, (A) S×1회, (B) 짧은뜨기×36회, 사슬 1개, (반시계 방향으로 돌리기)	78	
83~93	(첫 번째 코부터) 짧은뜨기×78회, 사슬 1개, (반시계 방향으로 돌리기)	78	

• 봉접실: 약 160cm 남기고 자른다.

뒤판

단수	설명	콧수	색상
	(기둥코 포함) 사슬 79개	79	
1	(두 번째 사슬부터 사슬산에) 짧은뜨기×78회, 사슬 1개, (반시계 방향으로 돌리기)	78	E
2~93	(첫 번째 코부터) 짧은뜨기×78회, 사슬 1개, (반시계 방향으로 돌리기)	78	

만들기 과정은 bebe ♡ girl과 같으므로 도안을 참조하여 앞의 과정을 보고 뜬다.

MEMO

바니 러그는 바니의 얼굴과 팔다리를 꿰매는 위치에 따라
따뜻하게 안아주는 바니가 될 수 있고,
포근하게 업어주는 바니가 될 수도 있습니다.
안아주고 업어주는 토끼 씨에게 우리 아이를 맡겨보세요.
토끼 씨의 따뜻함과 포근함에 안정된 아이의 모습을 볼 수 있답니다.

♥

업어주고 안아주는

바니 러그

**준비
재료**

컬러
차트

코바늘 10호
나사눈 22mm 각 1쌍
폼폼 메이커 85m
● 실(울 60%+아크릴 40%):
　A(아이보리/300g)
　B(베이비 핑크/900g)
　C(회색/900g)

* B, C는 원하는
　색상에 따라 택일한다.

얼굴 만들기
01

얼굴

단수	설명	콧수	색상
1	(원형고리 안에) 짧은뜨기×6회, 빼뜨기	6	
2	코 늘리기×6회	12	
3	(짧은뜨기×1회, 코 늘리기)×6회	18	
4	짧은뜨기×1회, 코 늘리기, (짧은뜨기×2회, 코 늘리기)×5회, 짧은뜨기×1회	24	
5	(짧은뜨기×3회, 코 늘리기)×6회	30	
6	짧은뜨기×2회, 코 늘리기, (짧은뜨기×4회, 코 늘리기)×5회, 짧은뜨기×2회	36	
7	(짧은뜨기×5회, 코 늘리기)×6회	42	
8	짧은뜨기×3회, 코 늘리기, (짧은뜨기×6회, 코 늘리기)×5회, 짧은뜨기×3회	48	
9~16	짧은뜨기×48회	48	
17	(짧은뜨기×7회, 코 늘리기)×6회	54	A
18	짧은뜨기×4회, 코 늘리기, (짧은뜨기×8회, 코 늘리기)×5회, 짧은뜨기×4회	60	
19~21	짧은뜨기×60회	60	
	나사눈 달기		
22	짧은뜨기×4회, 코 줄이기, (짧은뜨기×8회, 코 줄이기)×5회, 짧은뜨기×4회	54	
23	(짧은뜨기×7회, 코 줄이기)×6회	48	
24	짧은뜨기×3회, 코 줄이기, (짧은뜨기×6회, 코 줄이기)×5회, 짧은뜨기×3회	42	
25	(짧은뜨기×5회, 코 줄이기)×6회	36	
26	짧은뜨기×2회, 코 줄이기, (짧은뜨기×4회, 코 줄이기)×5회, 짧은뜨기×2회	30	
27	(짧은뜨기×3회, 코 줄이기)×6회	24	
28	짧은뜨기×1회, 코 줄이기, (짧은뜨기×2회, 코 줄이기)×5회, 짧은뜨기×1회	18	

29	(짧은뜨기×1회, 코 줄이기)×6회	12	
30	코 줄이기×4회	8	A
	돗바늘 마무리		

- 솜: 27단에서 솜을 채운 후 30단까지 뜬 다음 겸자를 이용해
나머지 공간도 채운다. 이어서 돗바늘 마무리를 한다.

귀(2개)

☆

주의사항

기본 색상 A로
뜨되, 도안에
기재된 알파벳
표시에 따라
실 색상을
바꾼다.

단수	설명	콧수	색상
1	(원형고리 안에) 짧은뜨기×6회, 빼뜨기	6	
2	코 늘리기×6회	12	A
3	(짧은뜨기×1회, 코 늘리기)×6회	18	
4	(짧은뜨기×8회, 코 늘리기)×2회	20	
5	(A) 짧은뜨기×9회, (B/C) 짧은뜨기×2회, (A) 짧은뜨기×9회	20	A,
6~18	(A) 짧은뜨기×8회, (B/C) 짧은뜨기×4회, (A) 짧은뜨기×8회	20	B(C)

- 봉접실: 약 20cm 남기고 자른다.

1 도안을 보고 얼굴을 만든 후 나사눈을 16단과 17단 사이, 9코 간격을 두고 단 다음 솜을 채워서 마무리한다.

2 귀는 도안을 보고 떠서 반으로 접은 후 3코를 앞뒤로 동시에 빼뜨기로 연결한 다음(113쪽 9의 사진 참조) 19단과 20단 사이, 2코 간격을 두고 단다.

바닥 만들기 02

☆

주의사항

기둥코를
긴뜨기 1개로
계산한다.

단수	설명	콧수	색상
1	(원형고리 안에) 기둥코 사슬 2개, 긴뜨기×11회, (기둥코 두 번째 사슬에(이하 두 번째 사슬에)) 빼뜨기	12	
2	기둥코 사슬 2개, (다음 첫 코부터 긴뜨기로) 코 늘리기×11회, (기둥코 자리에) 긴뜨기×1회, (두 번째 사슬에) 빼뜨기	24	B/C
3	기둥코 사슬 2개, (다음 첫 코부터) (긴뜨기×1회, 코 늘리기)×11회, 긴뜨기×1회, (기둥코 자리에) 긴뜨기×1회, (두 번째 사슬에) 빼뜨기	36	
4	기둥코 사슬 2개, (다음 첫 코부터) (긴뜨기×2회, 코 늘리기)×11회, 긴뜨기×2회, (기둥코 자리에) 긴뜨기×1회, (두 번째 사슬에) 빼뜨기	48	

5	기둥코 사슬 2개, (다음 첫 코부터) (긴뜨기×3회, 코 늘리기)×11회, 긴뜨기×3회, (기둥코 자리에) 긴뜨기×1회, (두 번째 사슬에) 빼뜨기	60
6	기둥코 사슬 2개, (다음 첫 코부터) (긴뜨기×5회, 코 늘리기)×9회, 긴뜨기×5회, (기둥코 자리에) 긴뜨기×1회, (두 번째 사슬에) 빼뜨기	70
7	기둥코 사슬 2개, (다음 첫 코부터) (긴뜨기×6회, 코 늘리기)×9회, 긴뜨기×6회, (기둥코 자리에) 긴뜨기×1회, (두 번째 사슬에) 빼뜨기	80
8	기둥코 사슬 2개, (다음 첫 코부터) (긴뜨기×7회, 코 늘리기)×9회, 긴뜨기×7회, (기둥코 자리에) 긴뜨기×1회, (두 번째 사슬에) 빼뜨기	90
9	기둥코 사슬 2개, (다음 첫 코부터) (긴뜨기×9회, 코 늘리기)×8회, 긴뜨기×9회, (기둥코 자리에) 긴뜨기×1회, (두 번째 사슬에) 빼뜨기	99
10	기둥코 사슬 2개, (다음 첫 코부터) (긴뜨기×10회, 코 늘리기)×8회, 긴뜨기×10회, (기둥코 자리에) 긴뜨기×1회, (두 번째 사슬에) 빼뜨기	108
11	기둥코 사슬 2개, (다음 첫 코부터) (긴뜨기×11회, 코 늘리기)×8회, 긴뜨기×11회, (기둥코 자리에) 긴뜨기×1회, (두 번째 사슬에) 빼뜨기	117
12	기둥코 사슬 2개, (다음 첫 코부터) (긴뜨기×12회, 코 늘리기)×8회, 긴뜨기×12회, (기둥코 자리에) 긴뜨기×1회, (두 번째 사슬에) 빼뜨기	126
13	기둥코 사슬 2개, (다음 첫 코부터) (긴뜨기×13회, 코 늘리기)×8회, 긴뜨기×13회, (기둥코 자리에) 긴뜨기×1회, (두 번째 사슬에) 빼뜨기	135
14	기둥코 사슬 2개, (다음 첫 코부터) (긴뜨기×14회, 코 늘리기)×8회, 긴뜨기×14회, (기둥코 자리에) 긴뜨기×1회, (두 번째 사슬에) 빼뜨기	144
15	기둥코 사슬 2개, (다음 첫 코부터) (긴뜨기×15회, 코 늘리기)×8회, 긴뜨기×15회, (기둥코 자리에) 긴뜨기×1회, (두 번째 사슬에) 빼뜨기	153
16	기둥코 사슬 2개, (다음 첫 코부터) (긴뜨기×16회, 코 늘리기)×8회, 긴뜨기×16회, (기둥코 자리에) 긴뜨기×1회, (두 번째 사슬에) 빼뜨기	162
17	기둥코 사슬 2개, (다음 첫 코부터) (긴뜨기×17회, 코 늘리기)×8회, 긴뜨기×17회, (기둥코 자리에) 긴뜨기×1회, (두 번째 사슬에) 빼뜨기	171
18	기둥코 사슬 2개, (다음 첫 코부터) (긴뜨기×18회, 코 늘리기)×8회, 긴뜨기×18회, (기둥코 자리에) 긴뜨기×1회, (두 번째 사슬에) 빼뜨기	180
19	기둥코 사슬 2개, (다음 첫 코부터) (긴뜨기×19회, 코 늘리기)×8회, 긴뜨기×19회, (기둥코 자리에) 긴뜨기×1회, (두 번째 사슬에) 빼뜨기	189
20	기둥코 사슬 2개, (다음 첫 코부터) (긴뜨기×20회, 코 늘리기)×8회, 긴뜨기×20회, (기둥코 자리에) 긴뜨기×1회, (두 번째 사슬에) 빼뜨기	198
21	기둥코 사슬 2개, (다음 첫 코부터) (긴뜨기×21회, 코 늘리기)×8회, 긴뜨기×21회, (기둥코 자리에) 긴뜨기×1회, (두 번째 사슬에) 빼뜨기	207
22	기둥코 사슬 2개, (다음 첫 코부터) (긴뜨기×22회, 코 늘리기)×8회, 긴뜨기×22회, (기둥코 자리에) 긴뜨기×1회, (두 번째 사슬에) 빼뜨기	216
23	기둥코 사슬 2개, (다음 첫 코부터) (긴뜨기×23회, 코 늘리기)×8회, 긴뜨기×23회, (기둥코 자리에) 긴뜨기×1회, (두 번째 사슬에) 빼뜨기	225
24	기둥코 사슬 2개, (다음 첫 코부터) (긴뜨기×24회, 코 늘리기)×8회, 긴뜨기×24회, (기둥코 자리에) 긴뜨기×1회, (두 번째 사슬에) 빼뜨기	234
25	기둥코 사슬 2개, (다음 첫 코부터) (긴뜨기×25회, 코 늘리기)×8회, 긴뜨기×25회, (기둥코 자리에) 긴뜨기×1회, (두 번째 사슬에) 빼뜨기	243
26	기둥코 사슬 2개, (다음 첫 코부터) (긴뜨기×26회, 코 늘리기)×8회, 긴뜨기×26회, (기둥코 자리에) 긴뜨기×1회, (두 번째 사슬에) 빼뜨기	252
27	기둥코 사슬 2개, (다음 첫 코부터) (긴뜨기×27회, 코 늘리기)×8회, 긴뜨기×27회, (기둥코 자리에) 긴뜨기×1회, (두 번째 사슬에) 빼뜨기	261
28	기둥코 사슬 2개, (다음 첫 코부터) (긴뜨기×28회, 코 늘리기)×8회, 긴뜨기×28회, (기둥코 자리에) 긴뜨기×1회, (두 번째 사슬에) 빼뜨기	270

B/C

29	기둥코 사슬 2개, (다음 첫 코부터) (긴뜨기×29회, 코 늘리기)×8회, 긴뜨기×29회, (기둥코 자리에) 긴뜨기×1회, (두 번째 사슬에) 빼뜨기	279
30	기둥코 사슬 2개, (다음 첫 코부터) (긴뜨기×30회, 코 늘리기)×8회, 긴뜨기×30회, (기둥코 자리에) 긴뜨기×1회, (두 번째 사슬에) 빼뜨기	288
31	기둥코 사슬 2개, (다음 첫 코부터) (긴뜨기×31회, 코 늘리기)×8회, 긴뜨기×31회, (기둥코 자리에) 긴뜨기×1회, (두 번째 사슬에) 빼뜨기	297
32	기둥코 사슬 2개, (다음 첫 코부터) (긴뜨기×32회, 코 늘리기)×8회, 긴뜨기×32회, (기둥코 자리에) 긴뜨기×1회, (두 번째 사슬에) 빼뜨기	306
33	기둥코 사슬 2개, (다음 첫 코부터) (긴뜨기×33회, 코 늘리기)×8회, 긴뜨기×33회, (기둥코 자리에) 긴뜨기×1회, (두 번째 사슬에) 빼뜨기	315
34	기둥코 사슬 2개, (다음 첫 코부터) (긴뜨기×34회, 코 늘리기)×8회, 긴뜨기×34회, (기둥코 자리에) 긴뜨기×1회, (두 번째 사슬에) 빼뜨기	324
35	기둥코 사슬 2개, (다음 첫 코부터) (긴뜨기×35회, 코 늘리기)×8회, 긴뜨기×35회, (기둥코 자리에) 긴뜨기×1회, (두 번째 사슬에) 빼뜨기	333
36	기둥코 사슬 2개, (다음 첫 코부터) (긴뜨기×36회, 코 늘리기)×8회, 긴뜨기×36회, (기둥코 자리에) 긴뜨기×1회, (두 번째 사슬에) 빼뜨기	342
37	기둥코 사슬 2개, (다음 첫 코부터) (긴뜨기×37회, 코 늘리기)×8회, 긴뜨기×37회, (기둥코 자리에) 긴뜨기×1회, (두 번째 사슬에) 빼뜨기	351
38	기둥코 사슬 2개, (다음 첫 코부터) (긴뜨기×38회, 코 늘리기)×8회, 긴뜨기×38회, (기둥코 자리에) 긴뜨기×1회, (두 번째 사슬에) 빼뜨기	360
39	기둥코 사슬 2개, (다음 첫 코부터) (긴뜨기×39회, 코 늘리기)×8회, 긴뜨기×39회, (기둥코 자리에) 긴뜨기×1회, (두 번째 사슬에) 빼뜨기	369
40	기둥코 사슬 2개, (다음 첫 코부터) (긴뜨기×40회, 코 늘리기)×8회, 긴뜨기×40회, (기둥코 자리에) 긴뜨기×1회, (두 번째 사슬에) 빼뜨기	378

B/C

3 바닥은 도안을 보고 지름 약 **87cm** (꼭짓점에서 반대편 꼭짓점까지의 길이) 크기로 뜬다. 1단은 원형고리 안에 기둥코로 사슬 2개를 만든 후 긴뜨기 11회를 뜬 다음 기둥코 두 번째 사슬에 빼뜨기를 해서 연결해 총 12코를 만든다.

♥ 이때, 기둥코는 긴뜨기 1개로 계산한다.

4 2단은 기둥코 사슬 2개를 만든 후 다음 코부터 긴뜨기를 한 땀에 2개씩 11회 떠서 늘린다. 마지막 기둥코 자리에 긴뜨기 1개를 더 뜬 후 두 번째 사슬에 빼뜨기를 해서 총 24코를 완성한다. (사진은 기둥코 자리에 긴뜨기가 떠지기 전 모습)

5 3단은 기둥코 사슬 2개를 만들고 '다음 코에 긴뜨기 1회, 그다음 코에 긴뜨기 2회'를 한 세트로 총 11회 반복한 후 마지막 코에 긴뜨기 1개를 뜨고, 기둥코 자리에 긴뜨기 1개를 더 떠서 총 36코를 만든다. (사진은 기둥코 자리에 긴뜨기를 뜬 모습)

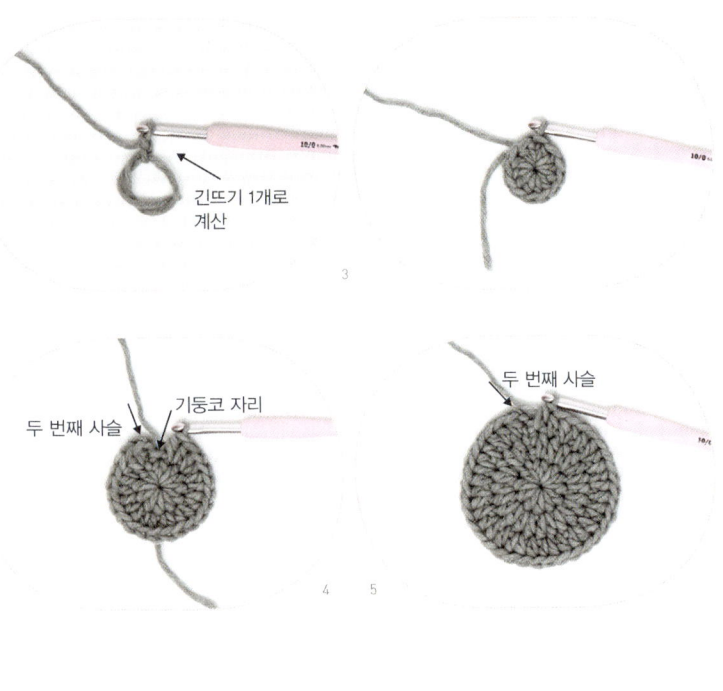

긴뜨기 1개로 계산

3

두 번째 사슬

기둥코 자리

두 번째 사슬

4   5

6 4단은 기둥코 사슬 2개를 만들고 '다음 2코에 긴뜨기 1회씩, 그다음 코에 긴뜨기로 코 늘리기 2회'를 한 세트로 총 11회 반복한다. 마지막에 2코가 남으면 각각 긴뜨기를 1개씩 뜬 다음 기둥코 자리에 긴뜨기 1개를 더 떠서 총 48코를 만든다.

7 나머지 단도 도안을 보면서 같은 방식으로 뜬다.

♥ 바닥 크기를 넓히고 싶다면 도안을 보고 이어서 늘려준다.

팔과 다리 만들기 03

팔(2개)

단수	설명	콧수	색상
1	(원형고리 안에) 짧은뜨기×6회, 빼뜨기	6	
2	코 늘리기×6회	12	
3	(짧은뜨기×1회, 코 늘리기)×6회	18	
4	(짧은뜨기×2회, 코 늘리기)×6회	24	
5~10	짧은뜨기×24회	24	A
11	(짧은뜨기×4회, 코 줄이기)×4회	20	
12~14	짧은뜨기×20회	20	
15	(짧은뜨기×3회, 코 줄이기)×4회	16	
16~18	짧은뜨기×16회	16	

• 봉접실: 둘레의 3배를 남기고 자른다.
• 솜: 완성 후 16단까지만 채운다.

다리(2개)

단수	설명	콧수	색상
1	(원형고리 안에) 짧은뜨기×7회, 빼뜨기	7	
2	코 늘리기×7회	14	
3	(짧은뜨기×1회, 코 늘리기)×7회	21	
4	(짧은뜨기×2회, 코 늘리기)×7회	28	
5	(짧은뜨기×6회, 코 늘리기)×4회	32	
6~10	짧은뜨기×32회	32	A
11	(짧은뜨기×6회, 코 줄이기)×4회	28	
12~13	짧은뜨기×28회	28	
14	(짧은뜨기×5회, 코 줄이기)×4회	24	
15	짧은뜨기×24회	24	
16	(짧은뜨기×4회, 코 줄이기)×4회	20	
17	(짧은뜨기×3회, 코 줄이기)×4회	16	

- 봉접실: 둘레의 3배를 남기고 자른다.
- 솜: 완성 후 15단까지만 채운다.

8 도안을 보고 팔과 다리를 2개씩 뜬 후 솜을 채운다. 모두 사진과 같이 납작하게 모양을 잡아준 후 바늘에 실을 연결해서 바닥 모서리에 맞춰서 꿰맨다.

♥ 이때, 바깥쪽에서 실이 안 보이게 안쪽에서만 꿰맨다.

꼬리 만들기
(업어주는 바니만)
04

구분이 쉽게 다른 색상의 실을 사용.

9 폼폼 메이커의 한쪽만 열어서 실(색상A)을 아치 모양이 채워질 때까지 충분히 감아준 후 자르고 폼폼 메이커를 닫는다.

10 반대편 반원도 같은 방법을 반복한다.

11 쪽가위로 메이커 둘레를 따라 감긴 실을 모두 자른다.

12 새 실을 메이커의 둘레 홈에 두른 다음 매듭을 두 번 정도 지어 묶는다.

13 메이커를 뺀 후 폼폼의 모양과 길이를 가위로 잘라가며 정돈한다.

원하는 스타일로 연출해보세요!

러그는 바니가 업어주는 스타일과 안아주는 스타일, 두 가지로 만들 수 있어요. 팔과 얼굴을 바깥을 향하게 꿰매고 꼬리와 다리를 뒤쪽에 꿰매면 업어주는 스타일, 얼굴을 안쪽을 향하게 하고 팔을 만세 포즈가 되도록 한 다음 다리를 앞쪽에 꿰매면 안아주는 스타일이 돼요.

테디베어
블랭킷

테디베어는 모든 아이들의 사랑이잖아요. 하트를 품은 테디베어와 함께 지내면서
우리 아이들의 마음에도 사랑이 샘솟기를 바라며 디자인했어요.
사랑을 전하는 마음으로 모티브를 하나하나 정성스레 떠주세요.

♥

준비 재료

코바늘 4호
● 실(코튼 50%+아크릴 40%+레이온 10%): 모티브 1개당 1g

그림 도안

A	B
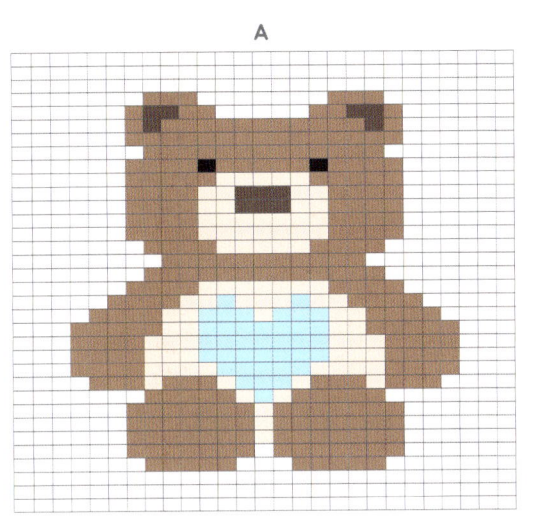	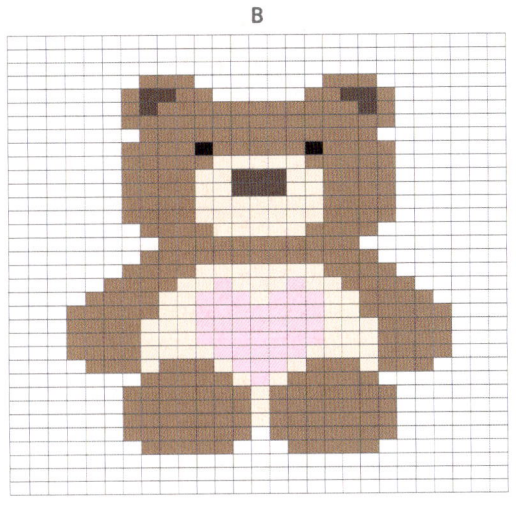

컬러차트 & 모티브 개수

A 모티브 개수

286개　　84개　　2개

38개　　12개

B 모티브 개수

286개　　84개　　2개

38개　　12개

모티브 만들기 01

단수	설명	콧수
1	(원형고리 안에) 기둥코 사슬 3개, 한길긴뜨기×2회, 사슬 2개, (한길긴뜨기×3회, 사슬 2개)×3회, (다음 사슬구멍까지) 빼뜨기×4회	20
2	기둥코 사슬 3개, (사슬구멍 안에) 한길긴뜨기×2회, 사슬 2개, (같은 사슬구멍 안에) 한길긴뜨기×3회, 사슬 1개, [(다음 사슬구멍에) 한길긴뜨기×3회, 사슬 2개, 한길긴뜨기×3회, 사슬 1개]×3회, (다음 사슬구멍까지) 빼뜨기×4회	36
3	기둥코 사슬 3개, (사슬구멍 안에) 한길긴뜨기×2회, 사슬 2개, (같은 사슬구멍 안에) 한길긴뜨기×3회, 사슬 1개, [(다음 사슬구멍에) 한길긴뜨기×3회, 사슬 1개, (다음 사슬구멍에) 한길긴뜨기×3회, 사슬 2개, 한길긴뜨기×3회, 사슬 1개]×3회, (다음 사슬구멍에) 한길긴뜨기×3회, 사슬 1개, (기둥코 세 번째 사슬에) 빼뜨기	52

• 실: 약 15cm 남기고 자른 뒤 '코 만들어 정리하기'(28쪽 참조)를 한다.

1　모든 기둥코 사슬 3개는 한길긴뜨기
　 1개로 계산하고 도안을 보면서 1단
　 을 뜬다.

2　다 뜬 후 세 번째 사슬에 빼뜨기를
　 하고, 그다음 2개의 한길긴뜨기에도
　 빼뜨기를 한 다음 네 번째는 사슬구
　 멍에 한다.

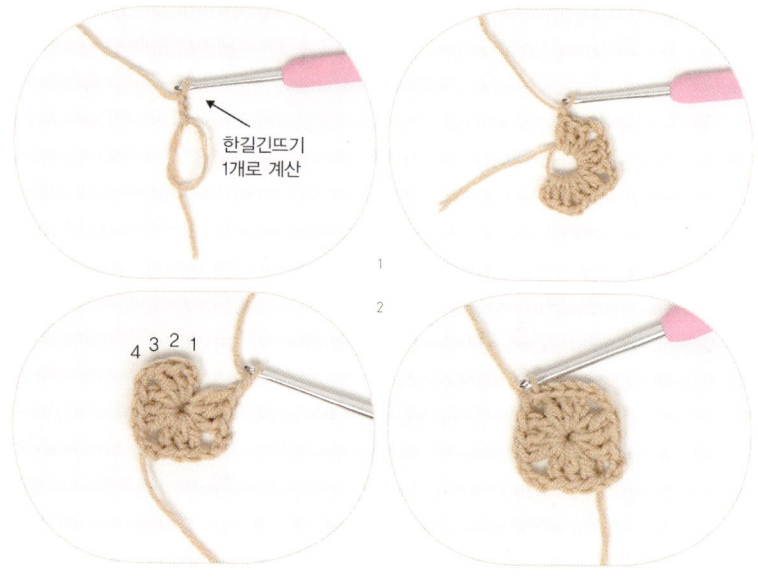

3　두 번째 단은 이어서 바로 사슬 3개
　 를 뜨고 같은 사슬구멍 안에 한길긴
　 뜨기 2회, 사슬 2개, 한길긴뜨기 3회
　 를 뜬다.

4　이어서 사슬 1개를 뜬 후 '다음 사슬
　 구멍에 한길긴뜨기 3회, 사슬 2개,
　 한길긴뜨기 3회'를 모든 사슬구멍에
　 뜨되 중간에 사슬을 1개씩 뜬다.

5　다 뜬 후에는 2와 같이 빼뜨기를 4회
　 해서 다음 사슬구멍까지 위치를 옮
　 긴 후 기둥코 사슬 3개를 뜬다.

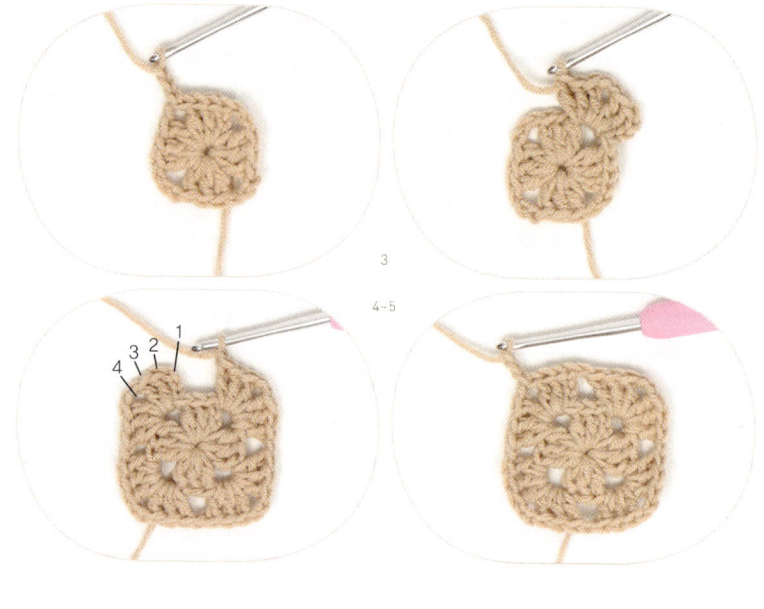

6　세 번째 단에서는 기둥코가 있는 첫
　 번째 사슬구멍에 한길긴뜨기 2회,
　 사슬 2개, 한길긴뜨기 3회를 다 뜬
　 후 바로 사슬 1개를 만든다.

7 다음 사슬구멍에는 한길긴뜨기 3회를 뜬 후 사슬 1개를 만들고 다시 그 다음 사슬구멍으로 이동해서 사진에 표시된 모든 사슬구멍에 도안대로 떠준 후 기둥코 세 번째 사슬에 빼뜨기를 해서 완성한다.

8 다 뜬 후 실을 약 15cm 남긴 후 코를 만들어서 정리한다.

9 색상별로 필요한 개수만큼 모티브를 뜬 후 그림 도안을 보면서 위치를 맞춰 모티브를 연결한다(아래 내용 참조).

모티브 연결하기

1 연결은 각 모서리부터 시작하며 같은 알파벳끼리 이어주면 된다.

2 왼쪽 b부터 시작해서 오른쪽 b로 통과한다. 이때 바늘은 땀 가운데로 찔러 넣는다.

♥ 연결한 실이 바깥 면에서는 보이지 않게 통과시키는 것이 중요하다.

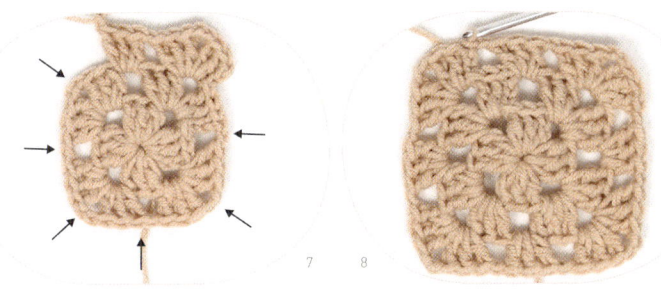

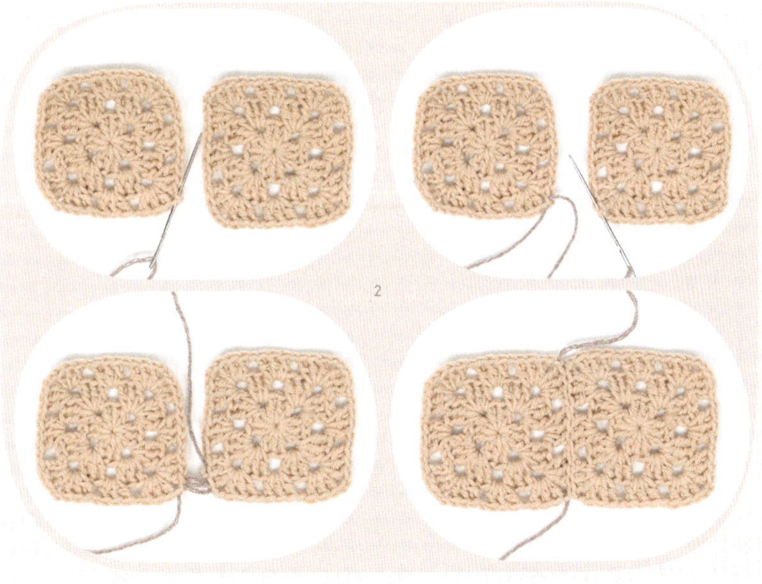

아이들이 안락함과 편안함을 느낄 수 있게 디자인한 큰 사이즈의 과일 모양 쿠션입니다.
꼬꼬마들은 기대어 누워 우유병을 빨며 안정감을 느낄 수 있고,
꼬마들은 앉거나 이리저리 끌고 다니며 마음껏 안전하게 놀 수 있답니다.
방이나 거실에 두기만 해도 분위기가 한층 달라져 인테리어 소품으로도 그만이에요.

♥

코바늘 10호

긴 바늘 18cm

● 실(울 60%+나일론 20%+아크릴 20%):
　A(빨강/400g)
　B(오렌지/400g)
　C(빈티지 그린/600g)
　D(밤색/25g)
　E(초록/30g)
　F(아이보리/300g)
　G(노랑/400g)

사과 · 오렌지 몸통(둘레: 110cm, 높이: 25.5cm)

단수	설명	콧수	색상
1	(원형고리 안에) 짧은뜨기×7회, 빼뜨기	7	
2	코 늘리기×7회	14	
3	(짧은뜨기×1회, 코 늘리기)×7회	21	
4	짧은뜨기×1회, 코 늘리기, (짧은뜨기×2회, 코 늘리기)×6회, 짧은뜨기×1회	28	
5	(짧은뜨기×3회, 코 늘리기)×7회	35	
6	짧은뜨기×2회, 코 늘리기, (짧은뜨기×4회, 코 늘리기)×6회, 짧은뜨기×2회	42	
7	(짧은뜨기×5회, 코 늘리기)×7회	49	
8	짧은뜨기×3회, 코 늘리기, (짧은뜨기×6회, 코 늘리기)×6회, 짧은뜨기×3회	56	
9	(짧은뜨기×7회, 코 늘리기)×7회	63	
10	짧은뜨기×4회, 코 늘리기, (짧은뜨기×8회, 코 늘리기)×6회, 짧은뜨기×4회	70	A/B
11	(짧은뜨기×9회, 코 늘리기)×7회	77	
12	짧은뜨기×5회, 코 늘리기, (짧은뜨기×10회, 코 늘리기)×6회, 짧은뜨기×5회	84	
13	(짧은뜨기×11회, 코 늘리기)×7회	91	
14	짧은뜨기×6회, 코 늘리기, (짧은뜨기×12회, 코 늘리기)×6회, 짧은뜨기×6회	98	
15	(짧은뜨기×13회, 코 늘리기)×7회	105	
16	짧은뜨기×7회, 코 늘리기, (짧은뜨기×14회, 코 늘리기)×6회, 짧은뜨기×7회	112	
17~37	짧은뜨기×112회	112	
38	짧은뜨기×7회, 코 줄이기, (짧은뜨기×14회, 코 줄이기)×6회, 짧은뜨기×7회	105	
39	(짧은뜨기×13회, 코 줄이기)×7회	98	
40	짧은뜨기×6회, 코 줄이기, (짧은뜨기×12회, 코 줄이기)×6회, 짧은뜨기×6회	91	

41	(짧은뜨기×11회, 코 줄이기)×7회	84	
42	짧은뜨기×5회, 코 줄이기, (짧은뜨기×10회, 코 줄이기)×6회, 짧은뜨기×5회	77	
43	(짧은뜨기×9회, 코 줄이기)×7회	70	
44	짧은뜨기×4회, 코 줄이기, (짧은뜨기×8회, 코 줄이기)×6회, 짧은뜨기×4회	63	
45	(짧은뜨기×7회, 코 줄이기)×7회	56	
46	짧은뜨기×3회, 코 줄이기, (짧은뜨기×6회, 코 줄이기)×6회, 짧은뜨기×3회	49	
47	(짧은뜨기×5회, 코 줄이기)×7회	42	A/B
48	짧은뜨기×2회, 코 줄이기, (짧은뜨기×4회, 코 줄이기)×6회, 짧은뜨기×2회	35	
49	(짧은뜨기×3회, 코 줄이기)×7회	28	
50	짧은뜨기×1회, 코 줄이기, (짧은뜨기×2회, 코 줄이기)×6회, 짧은뜨기×1회	21	
51	(짧은뜨기×1회, 코 줄이기)×7회	14	
52	코 줄이기×7회	7	
	돗바늘 마무리		

- 솜: 쿠션이기 때문에 솜을 빵빵하게 채워주되 땀이 벌어지기 직전까지만 채운다.
- 봉접실: 사과는 약 100cm 남기고 자른다. 오렌지는 돗바늘 마무리 후 실을 정리한다.

사과 · 오렌지 · 배 꼭지(3개)

단수	설명	콧수	색상
1	(원형고리 안에) 짧은뜨기×5회, 빼뜨기	5	D
2~7	코 늘리기×5회	10	

- 봉접실: 둘레의 3배를 남기고 자른다.

사과 · 오렌지 · 배 잎(3개)

☆

주의사항

처음 사슬을 뜰 때
꿰맬실을 약 20cm
남겨두고
시작한다.

설명	색상
(기둥코 포함) 사슬 12개	
(두 번째 사슬부터 순서대로) 빼뜨기×1회, 짧은뜨기×1회, 긴뜨기×1회, 한길긴뜨기×1회, 두길긴뜨기×1회, 두길긴뜨기로 코 늘리기, 두길긴뜨기×1회, 한길긴뜨기×1회, 긴뜨기×1회, 짧은뜨기×1회, 빼뜨기×1회	E
(반대편 사슬에 순서대로) 빼뜨기×1회, 짧은뜨기×1회, 긴뜨기×1회, 한길긴뜨기×1회, 두길긴뜨기×1회, 두길긴뜨기로 코 늘리기, 두길긴뜨기×1회, 한길긴뜨기×1회, 긴뜨기×1회, 짧은뜨기×1회, 빼뜨기×1회	

- 실: 다 뜬 후에는 '코 만들어 정리하기'(28쪽 참조)를 한다.
- 기호 도안은 190쪽을 참조한다.

배 몸통(가장 긴 둘레: 127cm, 높이: 51cm)

단수	설명	콧수	색상
1	(원형고리 안에) 짧은뜨기×7회, 빼뜨기	7	
2	코 늘리기×7회	14	
3	(짧은뜨기×1회, 코 늘리기)×7회	21	
4	짧은뜨기×1회, 코 늘리기, (짧은뜨기×2회, 코 늘리기)×6회, 짧은뜨기×1회	28	
5	(짧은뜨기×3회, 코 늘리기)×7회	35	
6	짧은뜨기×2회, 코 늘리기, (짧은뜨기×4회, 코 늘리기)×6회, 짧은뜨기×2회	42	
7	(짧은뜨기×5회, 코 늘리기)×7회	49	
8	짧은뜨기×3회, 코 늘리기, (짧은뜨기×6회, 코 늘리기)×6회, 짧은뜨기×3회	56	
9	(짧은뜨기×7회, 코 늘리기)×7회	63	
10~23	짧은뜨기×63회	63	
24	짧은뜨기×4회, 코 늘리기, (짧은뜨기×8회, 코 늘리기)×6회, 짧은뜨기×4회	70	
25	(짧은뜨기×9회, 코 늘리기)×7회	77	
26	짧은뜨기×5회, 코 늘리기, (짧은뜨기×10회, 코 늘리기)×6회, 짧은뜨기×5회	84	
27	짧은뜨기×84회	84	
28	(짧은뜨기×11회, 코 늘리기)×7회	91	
29	짧은뜨기×6회, 코 늘리기, (짧은뜨기×12회, 코 늘리기)×6회, 짧은뜨기×6회	98	
30	짧은뜨기×98회	98	
31	(짧은뜨기×13회, 코 늘리기)×7회	105	C
32	짧은뜨기×7회, 코 늘리기, (짧은뜨기×14회, 코 늘리기)×6회, 짧은뜨기×7회	112	
33	(짧은뜨기×15회, 코 늘리기)×7회	119	
34	짧은뜨기×8회, 코 늘리기, (짧은뜨기×16회, 코 늘리기)×6회, 짧은뜨기×8회	126	
35~37	짧은뜨기×126회	126	
38	(짧은뜨기×20회, 코 늘리기)×6회	132	
39~40	짧은뜨기×132회	132	
41	(짧은뜨기×32회, 코 늘리기)×4회	136	
42~57	짧은뜨기×136회	136	
58	(짧은뜨기×32회, 코 줄이기)×4회	132	
59	짧은뜨기×132회	132	
60	(짧은뜨기×20회, 코 줄이기)×6회	126	
61	짧은뜨기×126회	126	
62	짧은뜨기×8회, 코 줄이기, (짧은뜨기×16회, 코 줄이기)×6회, 짧은뜨기×8회	119	
63	(짧은뜨기×15회, 코 줄이기)×7회	112	
64	짧은뜨기×7회, 코 줄이기, (짧은뜨기×14회, 코 줄이기)×6회, 짧은뜨기×7회	105	
65	(짧은뜨기×13회, 코 줄이기)×7회	98	

단수	설명	콧수	색상
66	짧은뜨기×6회, 코 줄이기, (짧은뜨기×12회, 코 줄이기)×6회, 짧은뜨기×6회	91	
67	(짧은뜨기×11회, 코 줄이기)×7회	84	
68	짧은뜨기×5회, 코 줄이기, (짧은뜨기×10회, 코 줄이기)×6회, 짧은뜨기×5회	77	
69	(짧은뜨기×9회, 코 줄이기)×7회	70	
70	짧은뜨기×4회, 코 줄이기, (짧은뜨기×8회, 코 줄이기)×6회, 짧은뜨기×4회	63	
71	(짧은뜨기×7회, 코 줄이기)×7회	56	
72	짧은뜨기×3회, 코 줄이기, (짧은뜨기×6회, 코 줄이기)×6회, 짧은뜨기×3회	49	C
73	(짧은뜨기×5회, 코 줄이기)×7회	42	
74	짧은뜨기×2회, 코 줄이기, (짧은뜨기×4회, 코 줄이기)×6회, 짧은뜨기×2회	35	
75	(짧은뜨기×3회, 코 줄이기)×7회	28	
76	짧은뜨기×1회, 코 줄이기, (짧은뜨기×2회, 코 줄이기)×6회, 짧은뜨기×1회	21	
77	(짧은뜨기×1회, 코 줄이기)×7회	14	
78	코 줄이기×7회	7	
	돗바늘 마무리		

• 솜: 쿠션이기 때문에 빵빵하게 채워주되 땀이 벌어지기 직전까지만 채운다.

바나나 속(둘레: 65.5cm, 높이: 63cm)

단수	설명	콧수	색상
1	(원형고리 안에) 짧은뜨기×6회, 빼뜨기	6	
2	코 늘리기×6회	12	
3	(짧은뜨기×1회, 코 늘리기)×6회	18	
4	짧은뜨기×1회, 코 늘리기, (짧은뜨기×2회, 코 늘리기)×5회, 짧은뜨기×1회	24	
5	(짧은뜨기×3회, 코 늘리기)×6회	30	
6	짧은뜨기×2회, 코 늘리기, (짧은뜨기×4회, 코 늘리기)×5회, 짧은뜨기×2회	36	
7	(짧은뜨기×5회, 코 늘리기)×6회	42	
8	짧은뜨기×3회, 코 늘리기, (짧은뜨기×6회, 코 늘리기)×5회, 짧은뜨기×3회	48	
9	(짧은뜨기×7회, 코 늘리기)×6회	54	F
10	짧은뜨기×4회, 코 늘리기, (짧은뜨기×8회, 코 늘리기)×5회, 짧은뜨기×4회	60	
11~61	짧은뜨기×60회	60	
62	짧은뜨기×4회, 코 줄이기, (짧은뜨기×8회, 코 줄이기)×5회, 짧은뜨기×4회	54	
63	(짧은뜨기×7회, 코 줄이기)×6회	48	
64	짧은뜨기×3회, 코 줄이기, (짧은뜨기×6회, 코 줄이기)×5회, 짧은뜨기×3회	42	
65	(짧은뜨기×5회, 코 줄이기)×6회	36	
66	짧은뜨기×2회, 코 줄이기, (짧은뜨기×4회, 코 줄이기)×5회, 짧은뜨기×2회	30	
67	(짧은뜨기×3회, 코 줄이기)×6회	24	

단수	설명	콧수	색상
68	짧은뜨기×1회, 코 줄이기, (짧은뜨기×2회, 코 줄이기)×5회, 짧은뜨기×1회	18	
69	(짧은뜨기×1회, 코 줄이기)×6회	12	F
70	코 줄이기×6회	6	
	돗바늘 마무리		

• 솜: 쿠션이기 때문에 솜을 빵빵하게 채워주되 땀이 벌어지기 직전까지만 채운다.

바나나 껍질A

☆

주의사항

껍질A를 다
뜬 후 이어서
껍질B를 뜬다.

단수	설명	콧수	색상
1	(원형고리 안에) 짧은뜨기×6회, 빼뜨기	6	
2	코 늘리기×6회	12	
3	(짧은뜨기×1회, 코 늘리기)×6회	18	
4	짧은뜨기×1회, 코 늘리기, (짧은뜨기×2회, 코 늘리기)×5회, 짧은뜨기×1회	24	
5	(짧은뜨기×3회, 코 늘리기)×6회	30	
6	짧은뜨기×2회, 코 늘리기, (짧은뜨기×4회, 코 늘리기)×5회, 짧은뜨기×2회	36	
7	(짧은뜨기×5회, 코 늘리기)×6회	42	G
8	짧은뜨기×3회, 코 늘리기, (짧은뜨기×6회, 코 늘리기)×5회, 짧은뜨기×3회	48	
9	(짧은뜨기×7회, 코 늘리기)×6회	54	
10	짧은뜨기×4회, 코 늘리기, (짧은뜨기×8회, 코 늘리기)×5회, 짧은뜨기×4회	60	
11	(짧은뜨기×9회, 코 늘리기)×6회	66	
12	(짧은뜨기×15회, 코 늘리기)×4회, 짧은뜨기×2회	70	
13~38	짧은뜨기×70회	70	

바나나 껍질B(3개)

☆

주의사항

껍질 3개 중 2개는
1단의 23회(코)에,
나머지 1개는
괄호 안의
24회(코)에
맞춰 뜬다.

단수	설명	콧수	색상
1	짧은뜨기×23(24)회, (반시계 방향으로 돌리기)	23	
2	(기둥코 없이 두 번째 코부터) 짧은뜨기×22(23)회, (반시계 방향으로 돌리기)	22	
3	(사슬 1개, 첫 번째 코부터) 짧은뜨기×22(23)회, (반시계 방향으로 돌리기)	22	
4	(기둥코 없이 두 번째 코부터) 짧은뜨기×21(22)회, (반시계 방향으로 돌리기)	21	
5	(사슬 1개, 첫 번째 코부터) 짧은뜨기×21(22)회, (반시계 방향으로 돌리기)	21	
6	(기둥코 없이 두 번째 코부터) 짧은뜨기×20(21)회, (반시계 방향으로 돌리기)	20	G
7	(사슬 1개, 첫 번째 코부터) 짧은뜨기×20(21)회, (반시계 방향으로 돌리기)	20	
8	(기둥코 없이 두 번째 코부터) 짧은뜨기×19(20)회, (반시계 방향으로 돌리기)	19	
9	(사슬 1개, 첫 번째 코부터) 짧은뜨기×19(20)회, (반시계 방향으로 돌리기)	19	
10	(기둥코 없이 두 번째 코부터) 짧은뜨기×18(19)회, (반시계 방향으로 돌리기)	18	

11	(사슬 1개, 첫 번째 코부터) 짧은뜨기×18(19)회, (반시계 방향으로 돌리기)	18	
12	(기둥코 없이 두 번째 코부터) 짧은뜨기×17(18)회, (반시계 방향으로 돌리기)	17	
13	(사슬 1개, 첫 번째 코부터) 짧은뜨기×17(18)회, (반시계 방향으로 돌리기)	17	
14	(기둥코 없이 두 번째 코부터) 짧은뜨기×16(17)회, (반시계 방향으로 돌리기)	16	
15	(사슬 1개, 첫 번째 코부터) 짧은뜨기×16(17)회, (반시계 방향으로 돌리기)	16	
16	(기둥코 없이 두 번째 코부터) 짧은뜨기×15(16)회, (반시계 방향으로 돌리기)	15	
17	(사슬 1개, 첫 번째 코부터) 짧은뜨기×15(16)회, (반시계 방향으로 돌리기)	15	
18	(기둥코 없이 두 번째 코부터) 짧은뜨기×14(15)회, (반시계 방향으로 돌리기)	14	
19	(사슬 1개, 첫 번째 코부터) 짧은뜨기×14(15)회, (반시계 방향으로 돌리기)	14	
20	(기둥코 없이 두 번째 코부터) 짧은뜨기×13(14)회, (반시계 방향으로 돌리기)	13	
21	(사슬 1개, 첫 번째 코부터) 짧은뜨기×13(14)회, (반시계 방향으로 돌리기)	13	
22	(기둥코 없이 두 번째 코부터) 짧은뜨기×12(13)회, (반시계 방향으로 돌리기)	12	
23	(사슬 1개, 첫 번째 코부터) 짧은뜨기×12(13)회, (반시계 방향으로 돌리기)	12	
24	(기둥코 없이 두 번째 코부터) 짧은뜨기×11(12)회, (반시계 방향으로 돌리기)	11	
25	(사슬 1개, 첫 번째 코부터) 짧은뜨기×11(12)회, (반시계 방향으로 돌리기)	11	
26	(기둥코 없이 두 번째 코부터) 짧은뜨기×10(11)회, (반시계 방향으로 돌리기)	10	
27	(사슬 1개, 첫 번째 코부터) 짧은뜨기×10(11)회, (반시계 방향으로 돌리기)	10	G
28	(기둥코 없이 두 번째 코부터) 짧은뜨기×9(10)회, (반시계 방향으로 돌리기)	9	
29	(사슬 1개, 첫 번째 코부터) 짧은뜨기×9(10)회, (반시계 방향으로 돌리기)	9	
30	(기둥코 없이 두 번째 코부터) 짧은뜨기×8(9)회, (반시계 방향으로 돌리기)	8	
31	(사슬 1개, 첫 번째 코부터) 짧은뜨기×8(9)회, (반시계 방향으로 돌리기)	8	
32	(기둥코 없이 두 번째 코부터) 짧은뜨기×7(8)회, (반시계 방향으로 돌리기)	7	
33	(사슬 1개, 첫 번째 코부터) 짧은뜨기×7(8)회, (반시계 방향으로 돌리기)	7	
34	(기둥코 없이 두 번째 코부터) 짧은뜨기×6(7)회, (반시계 방향으로 돌리기)	6	
35	(사슬 1개, 첫 번째 코부터) 짧은뜨기×6(7)회, (반시계 방향으로 돌리기)	6	
36	(기둥코 없이 두 번째 코부터) 짧은뜨기×5(6)회, (반시계 방향으로 돌리기)	5	
37	(사슬 1개, 첫 번째 코부터) 짧은뜨기×5(6)회, (반시계 방향으로 돌리기)	5	
38	(기둥코 없이 두 번째 코부터) 짧은뜨기×4(5)회, (반시계 방향으로 돌리기)	4	
39	(사슬 1개, 첫 번째 코부터) 짧은뜨기×4(5)회, (반시계 방향으로 돌리기)	4	
40	(기둥코 없이 두 번째 코부터) 짧은뜨기×3(4)회, (반시계 방향으로 돌리기)	3	
41	(사슬 1개, 첫 번째 코부터) 짧은뜨기×3(4)회, (반시계 방향으로 돌리기)	3	
42	(기둥코 없이 두 번째 코부터) 짧은뜨기×2(3)회, (반시계 방향으로 돌리기)	2	
43	(사슬 1개, 첫 번째 코부터) 짧은뜨기×2(3)회, (반시계 방향으로 돌리기)	2	
23회(코) 껍질: 사슬 1개, 코 줄이기 후 실 정리 24회(코) 껍질: 사슬 1개, 3코 줄이기 후 실 정리			

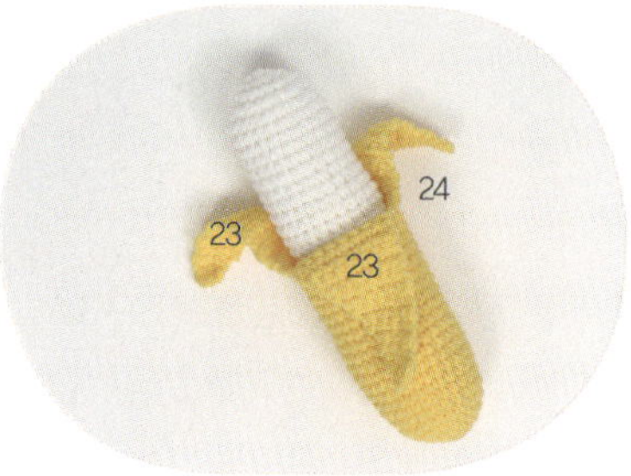

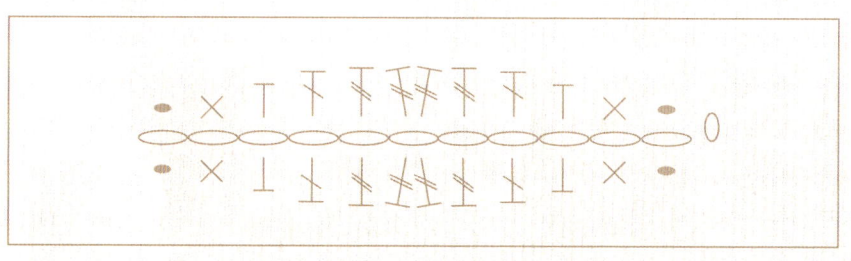

1 도안을 보고 사과 · 오렌지 · 배의 몸통을 뜬다.

♥ 과일 몸통에 솜을 빈 공간 없이 빵빵하게 채워주되 땀이 벌어지지 않을 정도로 채운다.

2 사과는 과일 장난감의 사과 모양 잡는 법(134쪽 **2~3**)을 참조하여 형태를 잡는다.

3 바나나 속과 껍질A를 도안대로 뜬다. 완성한 바나나 속에 껍질A를 입힌 상태에서 껍질B를 뜬다(139쪽 **9~13** 참조).

4 도안을 보고 꼭지를 3개 뜬 후 바나나를 제외한 나머지 과일의 윗부분 한가운데에 봉접한다.

♥ 꼭지에 솜은 채우지 않는다.

5 잎은 도안을 보면서 사슬에 차례로 뜬 후 반대편 사슬에도 똑같이 떠서 완성한다. 다 뜬 후에는 첫 코에 빼뜨기를 해서 마무리한 다음 **4**의 꼭지 아랫부분에 꿰맨다.

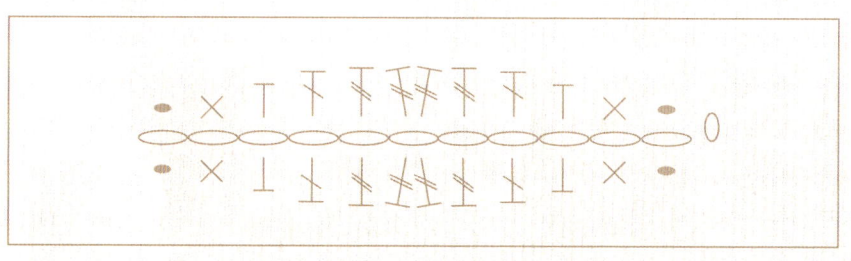

초판 1쇄 인쇄 | 2018년 10월 24일
초판 1쇄 발행 | 2018년 11월 2일

지은이 | 줄리줄스(이현주)
발행인 | 이원주

임프린트 대표 | 김경섭
책임편집 | 권지숙
기획편집 | 정은미·송현경·정인경
디자인 | 정정은·김덕오
마케팅 | 윤주환·어윤지
제작 | 정웅래·김영훈
사진 촬영 | 이창주(Lighthouse)
촬영 장소 | 쿠시노 스튜디오(강북점)
헤어·메이크업 | 이은정

발행처 | 미호
출판등록 | 2011년 1월 27일(제321-2011-000023호)

주소 | 서울특별시 서초구 사임당로 82
전화 | 편집 (02) 3487-1650·영업 (02) 3471-8044

ISBN 978-89-527-9443-7 (13590)